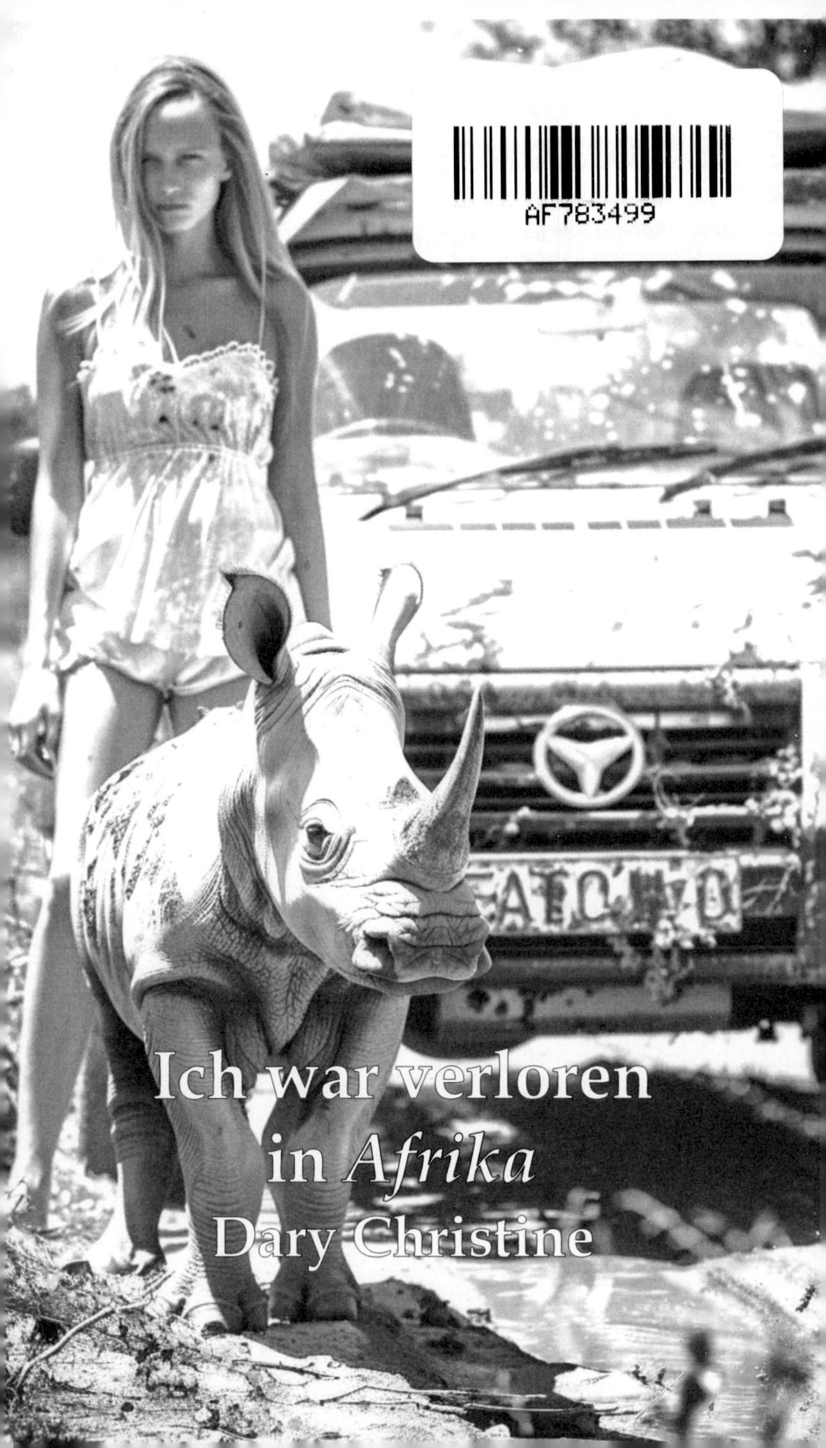

Ich war verloren in *Afrika*

Dary Christine

Dary Christine

Ich war verloren in *Afrika*

Autobiografischer Roman

Erinnerungen

DeBehr

Herausgeber: Verlag DeBehr, Radeberg
Erstauflage: 2024
ISBN: 9783987272332
Grafiken erstellt über Midjourney.com

„Zu erzählen, das heißt:

Wahrheitsgetreu zu erfinden
aufgrund eigener Erfahrung.“

(Christa Wolf)

Inhalt

Prolog

Am Anfang wurde ich geboren, und als meine Mutter sah, dass es gut war, übergoss sie mich mit Worten. Worte waren überall und ich war mitten in ihnen. Sie purzelten und stolperten heraus und überschlugen sich, rollten über den Fußboden meines Kinderzimmers, erklommen die Beine meines Gitterbettchens, zischelten sich gegenseitig etwas zu, rauften und balgten miteinander, dass es eine wahre Freude war, ihnen nicht zusehen zu müssen. Sie bahnten sich einen Weg unter meine Spitzendecke und ein ganz Vorwitziges kitzelte mich auf der großen Zehe. Manche wühlten sich durch alle Schichten zu meinem Kopf empor, flüsterten mir 'was ins Ohr. Und eines - oh, du glaubst es nicht! - ein Wort hat meinen Mund geküsst. „Hör nur, sie lispelt schon", sagte meine Urgroßmutter mit einem liebevollen Lächeln und spielte Musik ein. Da erhob sich ein Meer von Wellen und bettete mich ein, in einen wahren Wortschwall voll der schönsten Melodien.

Die Zeit verstrich und reifte heran, inzwischen drängte sich Handfesteres zum Beschreiben auf. Urgrossmutters Gedichte lagen mir schwer im Ohr, sie verleiteten mich, die Feder hervorzuholen. Mein Vater wich davor zurück und schon konnte ich ihn nicht mehr fassen. Noch bevor ich meine Mutter in Verse zu passen vermochte, nahm der Stiefvater Gestalt an auf dem Papier. Auch die Großeltern blieben kein unbeschriebenes Blatt. Die Urgroßmutter gar ging in Bildern und Worten in mir auf.

„Das Kind hat eine rege Fantasie", meinte die Lehrerin, „ob es wohl auch Tintenkleckse von Schmetterlingen unterscheiden kann?"

Und hätte sie es gar gewusst, dass ich den Teufel an die Wand malen konnte - was dann? Doch die schönsten Spielchen spielt sich's im Verborgenen. Wer hätte denn vermutet, dass ich jeder Maserung des Holzschranks in meinem Kinderzimmer Geschichten zu entlocken vermochte? Und dass die Flamme des Durchlauferhitzers zu mir sprach? Geschichten brauchte ich nicht zu erfinden. Sie waren da für mich zum Pflücken. Kein Fernseher, kein Computer störte die Idylle meiner Kindheit, nur Bücher waren meine ständigen Begleiter und die Worte in meinem Kopf.

Dann brach die Dunkelheit herein und Nebelschleier über mich. „Was ist der Sinn des Lebens?", fragte ich mich. „Bin ich nicht in diese Welt zu spät gekommen? Alle Worte waren schon gefunden. Die weißen Flecken unserer

Erde waren entdeckt und die Uhr, die unaufhörlich tickte. Ihr Alten habt den Hasen abgeschossen! Was fangen wir jetzt an? Was habt ihr denn uns übriggelassen, was man heute noch beschreiben kann?“

Doch plötzlich schlug es ein. Ein greller Blitz traf mich aus heiterem Himmel. Es war mir wie ein Donnerschlag. Schon ballte sich das Firmament über mir zu einer großen Faust. Das waren Trommelrhythmen, die mich riefen. Die Farben lockten mich und zogen mich in ihren Bann. Ergriffen ward ich von der Woge, weit hinausgespült ins offene Meer und dann – dann sah ich Afrika mir winken: „Komm her“, sprach es, „beschreibe mich, ich bin es wert.“

Der afrikanische Kontinent hat mich in seinen Schoß gezogen, beflügelt hat er meinen Geist und die Bilder, die ich mit den Augen gierig aufgesogen, nahmen Gestalt an in meinem Herzen. Überwunden waren die Zweifel und die Not hatte ein Ende. Aufgeblättert an palmenbehangenen, blauen Stränden nahm sich die Seele wieder gut aus. Noch eh ich's mich versah, trugen mich die Wogen fort, wirbelten mich hoch hinauf in höchste Regionen; der Welt entrückt, dem Himmel nah, griff ich zur Feder.

Ich war verloren in Afrika

… Die Musik wurde ekstatisch und ich genoss es, in diesem Augenblick geradewegs der blutroten, untergehenden Sonne entgegen zu fahren. So, als würde ich in den für mich allein weit geöffneten Himmel hineinfahren, dachte ich, mit dem Blick gegen Westen, in Richtung der untergehenden Sonne.

Plötzlich waren da drei Sonnen. Die Musik pulsierte in meinem Kopf. Eine orangerote Sonne im Hintergrund, die versuchte, im Untergehen sich meinen Blicken bereits zu entziehen. Und zwei gelbe Sonnen, dicht nebeneinander, die direkt auf mich zukamen. Ein Déjàvu, dachte ich. Das habe ich doch schon einmal erlebt. Ein gigantisches Percussion-Solo erhob sich. Mein nach grellem Licht dürstender Blick heftete sich an den am Firmament versinkenden Feuerball. Gib mir die Sonne! Da explodierte sie. Orangerote Funken stoben nach allen Seiten.

Betäubende Trommelrhythmen trieben mich mit immenser Geschwindigkeit unter ständiger Beschleunigung immer tiefer und tiefer hinein in den gelben Fleck im Zentrum der in Flammen stehenden Kugel, die mir ihre dritte

Dimension nun öffnete, sodass ich durch einen grell erleuchteten Tunnel hindurchbrauste, bis sich schließlich der Himmel wie eine dunkelblaue Tasse über mich stülpte ...... In diesem Augenblick schlugen die Kirchenglocken „zehn“. Es ist ein befremdendes Gefühl, in der Früh aufzuwachen und zu denken: hier bin ich, wo ich eigentlich nicht sein sollte. Dann blickt man um sich, betrachtet das komfortable Schlafzimmer mit seinen gut polierten schwarzen Möbeln, den großen, geschliffenen Spiegeln und den nach Feinspüler duftenden Vorhängen. Man betritt die Toilette, das geräumige Badezimmer, und es befällt einen das Gefühl, dass man sich hier in seinem eigenen Haus, mitten in einer schönen mitteleuropäischen Landschaft mit sanften Hügeln, Mischwäldern und Feldern, deren Weizen sich sattgelb im lauen Morgenwind wiegt, nur als Gast fühlt.

Schon als Volksschulkind hatte ich gewusst, dass mein eigentliches Ziel der afrikanische Kontinent war. Meine geistige Heimat. Ich war immer nur allzu sicher gewesen, dass ich eines Tages in Afrika leben würde. Doch trotz aller Bemühungen hatte es sich bis zum gegenwärtigen Augenblick noch nicht ergeben, dass meine Aufenthalte auf dem afrikanischen Kontinent von längerer Dauer gewesen wären. Jeweils ein paar Wochen. Ab und zu einige Monate.

Maximal. Im letzten Jahr hatte es mich immer öfter nach Afrika gezogen. Und jedes Mal, wenn die Maschine über dem Land meiner Bestimmung zur Landung angesetzt hatte, hatte ich das Gefühl gehabt, nach Hause zu kommen. Die Farben lockten mich. Dieser Kontinent hatte mich in seinen Bann gezogen. Die Bilder, die ich mit den Augen gierig aufsog, nahmen Gestalt an in meinem Herzen. Und wenn das Herz voll war, dann lief es über und verschaffte sich Zutritt zu meinen Träumen.

Meine Gedanken schweiften zurück. Es waren nun einige Jahre vergangen, seit ich in São Tomé war. Damals, als alles begonnen hatte, als meine Welt ins Wanken geraten war. Seither war nichts mehr so, wie es vorher gewesen war. Damals hatte alles seinen Anfang genommen. Noch war das Ziel nicht abzusehen. Noch war alles möglich. Alles war offen. Die Nacht vor meinem Abflug hatte ich bereits nicht mehr schlafen können, so sehr hatte ich den kommenden Tagen entgegengefiebert. Tage, die mich in eine mir noch völlig unbekannte Tropenwelt entführen sollten. In eine Welt, die dem Paradies angeblich sehr nahekäme.

Bei meiner Ankunft schien es, als wäre die gesamte Inselbevölkerung zu diesem allwöchentlichen Schauspiel am Flughafen versammelt, der Landung der TAP aus Lissabon nämlich. Einmal pro Woche schüttete die Air Portugal das in Lissabon eingesammelte Menschenmaterial hier aus und nahm anderes mit sich, ohne Anteilnahme, auf meist unbestimmte Zeit und gar so manches Mal für immer. Wer würde heute zurückkehren? Wer würde es sein? Und wer würde heute die Gemeinschaft verlassen?

Überraschenderweise gab es für mich keine großartigen Grenzformalitäten. Das Visum, welches ich bereits im Pass eingetragen hatte, hätte ich auch vor Ort bekommen können. Doch dies hatte ich ja nicht wissen können. Mein Gastgeber, der Manager des Marlin Beach Hotels, erwartete mich bereits. In einigen wenigen Minuten waren wir auch schon im Hotel. Ein Begrüßungstrunk an der Rezeption. Welche Überraschung! Man sprach hier außer Portugiesisch, Französisch und Englisch sogar Deutsch! Die Ehefrau des Hoteldirektors war nämlich Deutsche.

Nach einer kurzen Konversation brachte man mich auf mein Zimmer. Eigentlich - mein Appartement. Das Einzelzimmer, welches ich erwartet hatte, bestand aus einem kleinen, zentralen Vorzimmer, Badezimmer und WC, einem Schlafzimmer mit Grand Lit, einem Wohnraum mit einem Fernsehapparat, einem Kühlschrank und einer Kaffeemaschine, einer Terrasse und zusätzlich einem kleinen Balkon, von welchem man einen wunderschönen Blick auf den herrlichen Garten hatte. Es war eine kleine, gemütliche Wohnung. Nach einer erfrischenden Dusche machte ich mich auch gleich über die Früchteplatte her, die bereits meiner im Kühlschrank harrte.

Nachdem ich den Tag mit einem Bummel durch die kleine Hauptstadt verbracht hatte, ließ ich ihn am Swimmingpool ausklingen. Zum Abendessen mit erstklassigem Service gab es Fugen von Bach und diverse andere klassische Musik, den besten Fisch, den ich je gegessen hatte, noch dazu völlig grätenfrei, ein Bier und portugiesischen Rotwein. Dieser war so stark, dass ich fast den Weg zu meinem Zimmer nicht mehr schaffte. Ein kurzer Zwischenstopp auf der Liege beim Swimmingpool tat not.

Ich ließ nun in Gedanken den heutigen Tag Revue passieren. Auf dem Markt hatte ich eine Kassette mit traditioneller Musik aus São Tomé erstanden. Darüber war ich sehr froh. Der Himmel war den ganzen Tag über leicht bewölkt gewesen, da nun bald die Regenzeit beginnen sollte. Etwas schwül war es, aber nicht heiß. Die Stadt erinnerte mich an Sansibar oder an die Küstengebiete des tansanischen Festlandes. Leider verstand ich die portugiesisch sprechenden Menschen nicht. Die Leute waren aber offensichtlich sehr freundlich. So etwas spürt man, wenn auch die verbale Verständigung nur teilweise klappte. Manchmal konnte man sich mit Englisch oder Französisch helfen. Eine Lautkombination, die ich aber immer wieder heraushörte, aus den mir zugerufenen Sätzen, welche ich nicht verstand, klang so ähnlich wie „niga" oder „aniga". Ich fragte mich, was dies wohl heißen könne, und dachte, dass es wahrscheinlich ein Name für Europäer sei. Auch in Tansania war mir damals von überall her auf Suaheli „Mzungu" zugerufen worden. „Hujambo, mzungu?" „Wie geht es dir, Europäerin?" „Sijambo! Sijambo!" „Gut! Gut!" Doch plötzlich fiel es mir wie Schuppen von den Augen und ich verstand, was dieses Wort, begleitet von winkenden Kinderhändchen, zu bedeuten hatte: „Amiga!" „Freundin!" Natürlich! Am liebsten hätte ich jeden Einzelnen von ihnen umarmt, so wohl und willkommen geheißen fühlte ich mich in diesem Augenblick auf dieser kleinen Insel am Äquator.

Am darauffolgenden Tag brach ich nach einem guten Frühstück mit einem Mietwagen samt Chauffeur zu einer Rundfahrt auf. Wir fuhren zunächst nach São Tomé Stadt, wo wir ein kleines Museum besichtigten. Es beherbergte Gegenstände und Bilder aus der Kolonialzeit und der christlichen Missionierung. Da packte mich plötzlich der Ekel wie ein Krampf, und diese Fotos begannen vor meinen Augen in Tränen zu schwimmen. Das Massaker von Batepá (3. Februar 1953). Mehr als tausend Menschen waren hingeschlachtet, ertränkt oder mit elektrischen Geräten gequält und verstümmelt worden.

Mit glanzlosen Augen starrte Marcelo auf diesem Foto in die Kamera. Seit jenem Tag war ihm auch seine Sprache in der Kehle erstarrt und er hatte sie nie mehr wiedergefunden. Seit jenem Tag verfügte er nur mehr über einen abgehackten Schrei und einen schrillen Schrei, bei dem er die Zähne fletschte. Er hätte dabei auch die Fäuste geballt, doch an jenem Tag waren sie ihm durch ein niedersausendes Beil abhandengekommen. Doch zuerst waren da diese Schatten ins Zimmer gehuscht. Gleich darauf hatte er die Frage gehört:

„Wo ist dein Mann?“

„Ich weiß es nicht.“ Er erinnerte sich noch an die bebende Stimme seiner Mutter.

Da war Marcelo von seinem Lager aufgesprungen und zur Mutter gerannt. Sie war damals schwanger gewesen. Er wollte sie beschützen. Irgendetwas in ihm sagte ihm, dass sie in diesem Augenblick seine Hilfe benötigte. Sogleich hatte Marcelo der spöttische Blick des Fremden getroffen.

„Und was wird es diesmal? Bub oder Mädchen?"

„Ich weiß es nicht", wiederholte die Mutter ängstlich.

„Du wirst es gleich wissen!"

Und bei diesen Worten hatte der Eindringling dem schönen, runden Bauch der Mutter eine hässliche, rot klaffende Wunde zugefügt. Der dumpfe Aufschlag des Fötus auf dem Boden, der Rotz und die Tränen, der Kot und das Blut und das langsam in der Kehle verebbende Schluchzen der Sterbenden, das alles ging in ein permanentes Hämmern in Marcelos Kopf über, das seither nie mehr aufhören wollte. Nie mehr. Von nun an empfand er Traurigkeit ohne Tränen, eine Wut, die verlernt hatte, sich in Worten zu manifestieren. Seine Zunge war wie versteinert und die Sprache schlug sich in Bildern nieder, die vor seinen erstarrten Augen tanzten. Nur seine Ohren waren hellwach, selbst dann, wenn er schlief. Sie hatten eine tierische Eigenschaft angenommen. Oft schreckte er des Nachts aus dem Schlaf, denn sogar Schatten konnten ihn wecken.

Unbemerkt stahl ich mich hinaus.

Dann ging es weiter ins Landesinnere nach Trindade, der zweitgrößten Stadt des Inselstaates, durch Bananenfelder, Kaffee- und Kakaoplantagen, vorbei an kleinen Siedlungen, durch dichte Wälder, dann eine schmale Straße, die nur einspurig befahrbar war, bergauf bis Monte Café. Nach einem kurzen Besuch auf einer Kaffeefarm setzten wir unsere Fahrt in Richtung São Nicolau fort, wo man einen Wasserfall besichtigen konnte. Hier war die Straße noch schmäler und steiniger, zu beiden Seiten dichte Urwälder, zur Rechten die Felswand, zur Linken der Abgrund. Das schwierigste Straßenstück hatten wir aber noch vor uns auf unserem Weg zu einem anderen, weitaus schöneren Wasserfall bei Bombaim.

Gegen Mittag waren wir wieder zurück in São Tomé. In dem kleinen Restaurant in der Nähe des Museums fand ich kurz Zeit für meine Tagebucheintragungen. Wie im Traum wiederholte ich das Wort „paradiesisch“. Immer wieder. Ich klammerte mich daran wie an ein Seil. Immer wieder dieses unaussprechliche Gefühl – paradiesisch.

Dann kehrten wir gestärkt zu unserem Lada Niva 4x4 zurück und setzten unsere Inselrundfahrt in entgegengesetzter Richtung fort. Nun ging es die Küstenstraße entlang nach Santana und weiter nach Água Izé. Ich versuchte meinem Fahrer zu erklären, dass es hier angeblich verlassene Plantagen, auf denen Ruinen standen, zu besichtigen geben solle, aber er verstand mich nicht. Ich war ratlos und versuchte zu erklären, was Ruinen sind. Auf Englisch. Auf Französisch. Keine Chance! Das gibt's doch nicht! Er musste doch verstehen. Verfallene Häuser. Von dunkelgrünen Moosen bewachsen. Teilweise von Gestrüpp überwuchert. Manchmal gucken krumme Palmen bei den Fenstern heraus. Und manchmal ziehen sich gigantische Spinnennetze von einer Mauer zu der anderen. So wie bei der Ruine, die ich einmal auf der Insel Sansibar gesehen hatte. Etwa zwanzig handtellergroße Spinnen waren über die gesamte Fläche des gigantischen Netzes verteilt. Portugiesische Ruinen! Vielleicht wären noch manche Räume erhalten? Die Fußböden und Wände mit diesen typischen kleinen Fliesen ausgekleidet? Wie schön! Vielleicht könnte man noch erahnen, wo dereinst das Badezimmer, wo das Schlaf- oder Wohnzimmer gewesen sein mussten? Niemals ist man der Vergangenheit näher, als beim ehrfürchtigen Betasten der vermodernden Mauern einer Ruine. Mit jedem Atemzug inhaliert man den Odem der Menschen, die in diesen Hallen einst gelebt haben mochten. Tomaten- und Bananenplantagen säumten die Straßen. Wir fuhren durch Pantufo und Bom Bom. Plantagen - ja, aber Ruinen - nein. Also wieder nichts! Ich hatte bereits aufgegeben, da schlug mein Fahrer vor, wir könnten noch die schönen Strände im Norden der Insel bei Guadaloupe besuchen und dann weiterfahren bis Neves.

Eigentlich wollte er mir gerade einen dieser schönen Strände zeigen, als ich entzückt aufschrie. Da war sie! Die erste Ruine! Ich hatte eine Ruine entdeckt! Schnell ein Foto. Und dann noch eines.

Mein Fahrer blickte mich verständnislos an. Das war es also, wonach die verrückte Europäerin suchte? Nach kaputten Häusern, die keinen Nutzen mehr hatten? Alte, verlassene Gebäude aus der Kolonialzeit? Spuren, welche die Portugiesen bei ihrem Abzug hinterlassen hatten. Ein Erbe, das niemand mehr brauchte und niemand wollte. Pflichtbewusst fuhr er allerdings dann noch an einigen weiteren Ruinen vorbei, die auf unserem Wege lagen.

Eine der romantischsten Gegenden, ein jungfräulicher Traumstrand wie aus dem Bilderbuch, befand sich bei Praia das Conchas. Unser Geländewagen musste sich seinen Weg durch Gestrüpp und kleine Teiche bahnen, vorbei an wild durcheinander gewachsenen Kokospalmen.

Dieser einsame Platz rief eine Erinnerung in mir wach, die Erinnerung an eine Stelle aus einem Buch.

Vor uns lag eine tiefe Schlucht, voll von Kokosnusspalmen, die sich bis zur Küste hin ausbreiteten. Der Wind, der uns entgegen blies, roch nach Salz, und als ich meine Augen auf die Kokospalmen warf, konnte ich die See sehen, die in der Sonne glänzte. Neben uns befanden sich Ruinen alter Häuser, welche wohl seit vielen Jahren mit wilden Pflanzen bewachsen waren. Auf der anderen Seite standen Mangobäume, welche ebenfalls durcheinander gepflanzt worden waren, vielleicht von jenen Verstorbenen, die in jenen Gräbern lagen. Dieser Ort war eine Mischung aus Schönheit der Natur und Einsamkeit.

Schließlich erreichten wir das Meer. Das wäre der ideale Platz für ein Hotel, dachte ich. Doch im selben Augenblick rügte ich mich selbst. Musste man denn alles gleich kommerzialisieren?

Der zweitschönste Platz war Lagoa Azul. Kleine Fischerboote lagen dort vor Anker. Riesige alte Baobabs, afrikanische Affenbrotbäume, standen daneben Wache. Auf dem Heimweg erstand ich ein wunderschönes, aus schwerem Holz geschnitztes Bild, direkt vom Künstler. Es zeigt Fischer mit ausgehöhlten Einbäumen vor ihren typischen, auf Pfählen errichteten Häuschen, die zwischen Bananenblättern hindurchgucken. Die Fischer scheinen zufrieden mit ihrem Fang und heben die Beute hoch, um sie zu begutachten.

Am nächsten Morgen um sieben Uhr war ich bereits im Swimmingpool, den ich mir mit einigen Krabben teilen musste. Neben mir fischte ein Arbeiter die Tierchen, die sich während der Nacht in den Pool verirrt hatten, mit einem Netz wieder heraus. Nach dem Frühstück ging ich zum Meer hinunter. Der in der frühen Morgensonne glänzende, goldgelbe Strand war menschenleer. Ein herrlich warmes, kristallklares Wasser erwartete mich.

Nicht lange danach saß ich wieder im Jeep, gemeinsam mit einem britischen Ehepaar aus Luanda.

„Für ein paar Tage den Bodyguards entfliehen“, sagte sie, „welche Erleichterung!“ In Angola wurden sie nämlich aus Sicherheitsgründen auf Schritt und Tritt bewacht, da die Dame im diplomatischen Dienst arbeitete. Eine fünfzehnsitzige, russische Maschine vom Typ S9-DAC sollte uns nach Príncipe bringen. Der Manager des Marlin Beach Hotels, der uns persönlich fast bis ins Flugzeug begleitete, sah wohl unsere skeptischen Blicke. Er versicherte uns, dass diese Maschinen ausnehmend gut von der TAP gewartet werden. Beim Boarden musste jeder einzelne Passagier gemeinsam mit seinem Gepäck auf die Waage. So kam es also ans Tageslicht, was man unter übergroßen T-Shirts zu verbergen suchte. Pünktlich hoben wir ab. Flugzeit fünfunddreißig Minuten, kein Board-Service, der Pilot, der Kopilot, eine Flugbegleiterin, neun Passagiere plus ein Baby.

Nach der Landung wurden wir gleich neben der Maschine herzlich mit einem Gläschen Wein empfangen. Dann fuhren wir in einem indischen Jeep durch den Dschungel zum Bom Bom Island Resort. Die Schönheit dieses abgeschiedenen Plätzchens ist kaum mit Worten zu beschreiben. Das war sie, die Trauminsel, nach welcher ich mein Leben lang gesucht hatte! Die Rundhütten des Bom Bom Island Resorts schmiegten sich an die vulkanischen Felsen und versteckten sich zwischen Bananen- und Kokospalmen. Jeder Bungalow hatte seinen eigenen Zugang zum Privatstrand, wo Liegen bereitstanden. Stundenlang konnte man dort dösen und nur die Brandung des Meeres hören.

„Bom Bom Island“ heißt „gute, gute Insel“ und ist der Name für die dem Hotel vorgelagerte kleine Insel, welche durch eine malerische, circa zweihundert Meter lange Holzbrücke mit der Insel Príncipe verbunden ist. Der Barrakuda, der Thunfisch, der Wahoo, der Segelfisch, der Hochgeschwindigkeitsräuber, der meist nahe der Wasseroberfläche auf Beutesuche geht, der Blaue Marlin, die große braune Muräne mit dem gelben Maul, die schöne Netzmuräne, der westafrikanische Falterfisch, der große Büschelbarsch, der auf Korallenästen sitzt, und der São-Tomé-Meerpfau, den es nur bei São Tomé e Príncipe gibt, tummeln sich dort im Atlantik. Durch den Fischreichtum dieser Gewässer und die üppige Vegetation muss auch hier niemand hungern, mögen die Menschen nach unserem europäischen Verständnis auch noch so arm sein. Geld spielt in dieser Welt wohl kaum eine Rolle. Wie paradiesisch! In einer Welt, in welcher ein monatliches Durchschnittsverdienst etwa bei fünfzehn US-Dollar liegt, eine Mahlzeit in einem Restaurant ein Monatsgehalt beträgt und ein Kühlschrank rund achthundert Dollar kostet. Die meisten Haushalte haben nicht einmal Strom. Sie scheiden als Konsumenten für den Handel fast vollständig aus.

Die Sonne war bereits untergegangen. In der Dunkelheit tasteten wir uns über die gekrümmte Holzbrücke, begleitet nur vom Klatschen der

Wellen, die von links und rechts gegen die Pfeiler schlugen. Später erfuhren wir, dass die Brücke normalerweise beleuchtet ist. Aber heute war das Licht ausgefallen. Beim Rückweg konnten wir den Stromausfall auf der Brücke erst richtig genießen, denn es gab eine natürliche Beleuchtung. Der Mond war am blauschwarzen Himmel über uns aufgegangen und tauchte alles in ein weißliches Licht. Abertausende funkelnde Sterne unterstützten ihn dabei. Unter uns tosten die Wellen in einem immer gleichbleibenden Rhythmus. Das Rauschen des Meeres begleitete mich an diesem Abend noch bis in meine Träume.

Leise ging ich zu meinem Schreibtisch und öffnete die oberste Lade. Da lag der Reisebericht, den ich während meines Aufenthalts in São Tomé verfasst hatte. Ich begann darin zu blättern. Ich hatte Zeit dazu, denn es war Sonntag und die Kinder mussten nicht zur Schule.

Die katholische Kirche von San Antonio auf Príncipe wurde von einem österreichischen Priester geleitet. Der Padre lud mich zur heiligen Messe ein, begann ich in meinem Reisebericht zu lesen, nachdem ich mich wieder ins Bett gelegt hatte. Als ich bei der Kirche ankam, war bereits die Gemeinde versammelt. Alle waren in ihren Sonntagsgewändern, manche

Frauen hatten ihr Haupt ehrfürchtig mit weißen Tüchern bedeckt. Die kleine Kirche war zum Bersten voll. Die Menschen standen schon bis über die Stufen hinunter auf der Straße. Aus dem Inneren des Gotteshauses tönte rhythmischer Gesang und die Worte des Priesters wurden mit lautem Händeklatschen begrüßt. Dass kleine Kinder geräuschvoll zwischen den Bänken herumliefen, schien niemanden wirklich zu stören. Viele Leute gingen während der Messe aus und ein und unterhielten sich auf dem Vorplatz der Kirche miteinander, was eher den Eindruck eines gesellschaftlichen Ereignisses, als einer tiefreligiösen Zeremonie erweckte.

Doch bei der Wandlung brechen die Wunden des Gekreuzigten wieder auf:

„Mein Gott, warum hast du mich verlassen?“ Ein tiefer Seufzer löst sich aus meiner Brust. Sein Blut vermischt sich mit heißen Tränen. Ich will umkehren! Zu spät! Zu spät? Ich breche aus. Laufe weg. So schnell ich kann. Doch ich stürze. Ich sehe mich selbst zerfressen von züngelnden Schlangen, verzehrt von gierigen Flammen. Ich horche in mich hinein, doch es erschallt nur höhnisches Gelächter. Vor meinen Füßen tut sich ein Abgrund auf. Ich brenne. Ich stürze brennend immer tiefer und tiefer. Ein ohrenbetäubender Donnerschlag!

„Jesus! Rette mich! Jesuuuuuuus!“ Stille. Da war keine Rettung mehr. Ich war auf dem falschen Weg! Die Gesänge der Gläubigen ließen meinem Schluchzen freien Lauf.

Träume ich? Ich muss wohl über der Lektüre wieder eingeschlafen sein. Ich horche in mich hinein. Nein. Kein Laut. Keine Stimme mehr. Nein, nichts. Neben mir lag mein Mann friedlich schlafend in seinem Bett. Ich las weiter.

Zwischen der heiligen Messe und einer Taufe, fand der Padre noch schnell Zeit, mich in seine Wohnung zu führen. Dort gab er mir Literatur über die Inseln. Auch das Drehbuch zu dem Film „Früchtchen“ war darunter, den der deutsche Dichter und Filmemacher Herbert Brödl in São Tomé gedreht hatte. In diesem Film gibt es keine Schauspieler. Die Darsteller sind Einheimische, die der Künstler einfach vor Ort ausgewählt hatte. Auch der österreichische Padre spielte mit.

Alles dreht sich um eine überdimensionale Brotfrucht, die plötzlich in einem kleinen Ort auf der Ilhéu das Rolas, der Insel der Turteltauben, zu Boden gefallen ist. Nun beginnen alle zu rätseln, was es mit dieser riesigen Frucht wohl auf sich haben könnte. Jeder Einzelne sieht sie von seinem eigenen Gesichtspunkt aus und versucht, seinen eigenen Nutzen in ihr zu suchen. Nur einer weiß, was diese Frucht tatsächlich zu bedeuten hat, dass sie nämlich eine letzte Botschaft seiner sterbenden Mutter ist, die in einem Altersheim in der Hauptstadt ihren Lebensabend verbringt. Er macht sich sofort auf die Reise in die Stadt. Doch er kommt zu spät. Seine Mutter ist bereits tot.

San Antonio, die Hauptstadt von Príncipe, liegt am Rio Papageio. Vom Fluss aus hat man auch einen ausgezeichneten Blick zum fast tausend Meter hohen Pico de Papageio, der Brutstätte der afrikanischen Graupapageien. Das wohl älteste Gebäude der Stadt ist der zweihundert Jahre alte Uhrturm, dessen Uhr noch immer funktioniert. Viele später erbaute Gebäude sind jedoch dem Verfall bereits anheimgefallen.

Interessant ist auch das Gefängnis. Die Fenster haben teilweise nicht einmal Glasscheiben und schon gar keine Gitter. Es gibt hier auch so gut wie keine Kriminalität. Sollte aber doch einmal jemand einem anderen ein Hendl stehlen oder mit einem Konkurrenten um eine Frau raufen, dann muss er ins Gefängnis. In der Regel geht er jeden Morgen nach dem Gefängnisfrühstück nach Hause, um seiner üblichen Tätigkeit nachzugehen. Und abends kehrt er pünktlich zum Abendessen wieder ins Gefängnis zurück.

Trotz dieser äußerst liberalen Handhabung des Strafvollzugs, wird es von den Betroffenen dennoch als Schande empfunden, im Gefängnis nächtigen zu müssen.

Für den nächsten Tag hatte das Hotel wieder eine kleine Rundfahrt für mich organisiert. In einem Restaurant namens Palhota aßen wir exzellenten Thunfisch-Curry mit Reis. Leider hatte ich bis zum Ende meines Aufenthalts keine Gelegenheit, die Nationalspeise Kaloulou zu kosten. Sie soll angeblich aus einer Soße mit zwölf verschiedenen grünen Gemüsen und Kräutern bestehen. Gekocht wird alles zusammen mit Fisch, Hühnchen oder Zicklein und danach mit Maniokblüten überstreut.

Nach der Mahlzeit ging es weiter zu einer Kakaoplantage, die Belo Monte heißt. Auch auf dieser Roça, wie die Plantagen auf Portugiesisch genannt werden, erinnert ein verfallendes koloniales Herrschaftshaus an längst vergangene bessere Zeiten. Diese Relikte früherer Größe lassen den Betrachter noch heute den Prunk und Komfort, in welchem die Besitzer dieser Roças, aber auch die auf den Roças beschäftigten Einheimischen, gelebt haben mochten, erahnen. Die rostige Lokomotive in Porto Real ist ebenfalls einer der stummen Zeugen vergangenen Ruhms.

Da fiel ein Foto aus dem Reisetagebuch heraus. Ich bückte mich danach. „Banana Beach“, ergriffen von der Erinnerung formte ich unwillkürlich die Worte mit den Lippen - doch tonlos, ohne Stimme. Ich wollte ja meinen Mann in seinem Schlaf nicht stören.

In der Nähe von Belo Monte hatte sich ein Aussichtspunkt befunden, von welchem man einen herrlichen Blick auf den durch die Bacardi-Werbung bekannt gewordenen Banana Beach hatte. Gar so oft im Leben pflegt sich Schönheit mit Tragik zu paaren. Und so hat auch dieser wunderschöne Aussichtspunkt seine traurige Geschichte. Unter dem Motto: „Lieber sterben, als die Schmach der Sklaverei erdulden“, stürzten sich einst viele Sklaven, noch bevor sie verschifft werden konnten, von eben diesem Punkt, wo in der Tiefe der wundervoll idyllische Banana Beach goldgelb in der Sonne schillert, hinunter in den Tod.

Nur wenige Monate nachdem ich die Insel verlassen hatte, hatte der Hurrikan Georges dort gewütet und nur die Überreste des zerstörten Banana Bay Resorts zurückgelassen. Das Foto legte ich wieder zwischen die Seiten und blätterte vorsichtig um.

Mein letzter Tag auf Príncipe, las ich weiter. Heute stand für mich ein Dschungel-Trekking auf dem Programm. Beim Aufstieg durch den Regenwald hatte es auch noch zu regnen begonnen. Mein Schweiß vermengte sich mit dem Regenwasser, mein T-Shirt war völlig durchnässt und meine Haare troffen. Es war leider nicht zu vermeiden, dass ich zu guter Letzt auf den nassen Blättern und den glitschigen Steinen ausrutschte. Nun war auch noch meine Hose mit Schlamm bedeckt. Nach kurzer Zeit wurde das Prasseln der Regentropfen von einer anderen Geräuschkulisse abgelöst. Gut verborgen in den hohen Baumkronen gab uns eine bunt gemischte Vogelschar ihr Konzert.

Auf der Rückfahrt trafen wir zufällig den Padre. Ich verabredete mich mit ihm zum Mittagessen in Bom Bom. Unsere Mahlzeit dauerte mehrere Stunden lang, da mir der Padre dabei so viel über São Tomé e Príncipe zu erzählen hatte, und ich erfuhr dabei, dass portugiesische Seefahrer die beiden Inseln im Atlantik 1470 entdeckt hatten.

Sie wurden zunächst als Strafkolonie für Sklaven verwendet. Im Zuge der Judenverfolgung auf der Iberischen Halbinsel im Jahr 1492 kamen jüdische Waisenkinder auf die Inseln. Dadurch kam es mit der Zeit zu einer kreolischen Mischbevölkerung. Im 16. Jahrhundert wurden die Inseln die größten Zuckerrohrproduzenten der Welt.

1544 hatte eine Gruppe Afrikaner vor der Küste São Tomés Schiffbruch erlitten, sich in den Bergen angesiedelt und sich selbst „Angolares“ genannt. 1595 hatte Rei Amador, der in den Bergen ernannte König, die ganze Insel überrannt. 1596 war er hingerichtet worden. Aber die aus den Bergen immer wieder drohenden Angriffe der Angolares hatten viele Plantagenbesitzer im 17. Jahrhundert schließlich veranlasst auszuwandern.

Daraufhin begann São Tomé zu verfallen, bis im 19. Jahrhundert der Kaffee- und Kakaoanbau auf die Inseln gebracht worden waren. Nach der Vertreibung der einheimischen Bauern waren große Roças entstanden auf den Gebieten, wo früher kleine Bauern ihre Felder bestellt hatten. Am Beginn des 20. Jahrhunderts war São Tomé an der Weltspitze der Kakao exportierenden Länder und zwischen den beiden Weltkriegen hatte der Kaffee-Export eine ebensolche Bedeutung.

Auf den Roças hatte es nur Arbeitskräfte von den Kap Verdischen Inseln, aus Angola und Mosambik gegeben, da sich die Einheimischen geweigert hatten, diese Plantagenarbeit zu verrichten. Die „Forros“, die Einheimischen, waren Handwerker, Kleinhändler, Kleinbauern und Regierungsangestellte. Im 19. Jahrhundert waren auch die „Angolares“ von den Bergen abgewandert, hatten sich an der Küste angesiedelt und waren meist Fischer geworden.

Unter den „Forros“ entwickelte sich ein gewisses Nationalbewusstsein. Im Jahr 1953 waren Hunderte von ihnen bei dem Massaker von Batepá gestorben. Zu diesem Blutbad war es gekommen, als portugiesische Grundbesitzer „Forros“ zwingen wollten, auf den Plantagen zu arbeiten, da es einen Mangel an Arbeitskräften gab. Schließlich hatten die Grundbesitzer, unterstützt von der Kolonialregierung, ihre Dienstboten formiert, damit sie gegen die kreolischen „Forros“ mit brutaler Gewalt vorgingen. Dabei hatten sie sich schamlos die ohnedies vorhandenen Konflikte dieser beiden sozialen Gruppen zunutze gemacht.

1975 war schließlich das Ende der Kolonialregierung gekommen und São Tomé e Príncipe wurden eine unabhängige Republik. Seit die Portugiesen ihre Plantagen verlassen haben, geht aber die Wirtschaft permanent bergab. Der Verfall konnte auch nicht durch den Wechsel zu einer demokratischen Republik im Jahre 1985 aufgehalten werden. Hieße die Lösung vielleicht Entwicklung des Tourismus? Vielleicht könnte diese kleine Republik eines Tages das „Mauritius des Atlantiks“ werden, musste ich unwillkürlich denken. Das natürliche Potenzial wäre ja vorhanden.

Mit einer Flasche Rotwein begossen wir diesen wunderschönen Tag. Anschließend lud ich den Padre noch in meinen Bungalow auf eine Tasse Tee ein.

„Was ist eigentlich Liebe?“, fragte er mich plötzlich und meinte, dass er immer an das Musical „Anatevka“ denken müsse. An die Stelle, wo der Mann die Frau fragt, ob sie ihn eigentlich liebe, und sie ihm antwortet, dass sie für ihn koche und seine Kinder aufziehe.

In diesem Augenblick hatte der Padre doch tatsächlich seinen Tee-Aufgussbeutel aufgerissen und den Inhalt des Beutels ins heiße Wasser seiner Tasse geschüttet, anstatt den ganzen Beutel hineinzuhängen. Obwohl jene komische Szene unwichtig und banal war, erinnerte ich mich noch genau daran. So weit und so lange war er schon von jeder Zivilisation entfernt gewesen, dass er nicht einmal mehr mit der Handhabung eines Aufgussbeutels vertraut war.

„Was ist eigentlich Liebe?“, hatte er mich gefragt. Und ich hatte mich selbst antworten gehört, dass es reine Liebe nie zwischen Mann und Frau geben könne, weil da immer gewisse Faktoren dazwischenstünden, wie etwa die Sexualität. Dadurch würde ein verfälschtes Bild von den wahren Gefühlen entstehen. Die wahre, reine Liebe könne dadurch nicht empfunden werden. Ich wusste nicht genau, ob ich das wirklich meinte, was ich da dem Padre erzählte. Ich hörte mich das sagen, als würde ich selbst neben mir stehen. Die ganze Szene hatte etwas Unwirkliches an sich. Und dann dachte ich, dass mein Mann zum Beispiel überhaupt nicht so richtig mit dem Herzen lieben konnte. Afrikaner haben ein anderes Liebesverständnis als Europäer. Die Liebe zu ihren Eltern, ihren Kindern oder zu ihren Partnern ist ein gesellschaftliches Phänomen, sozial bedingt, von der Gesellschaft oktroyiert und äußert sich in gewissen Pflichten und Ritualen; bei Nicht-Erfüllung wird es mit dem Verlust der Ehre sanktioniert. Nein, nicht aus dem Bauch, nicht von Herzen kamen seine Gefühle. Wie hätte ich es erwidern können, dieses entseelte Fragment einer Liebe? Mein Empfinden hatte mich plötzlich selbst befremdet. Welchen Impuls hatte ich von dem Padre empfangen? Nur eine beiläufig gestellte Frage. Und schon kamen Zweifel auf, der Verdacht, dass meine Ehe vielleicht doch nicht so glücklich sein könnte, wie ich mir einredete. Doch ich wollte mir nichts anmerken lassen!

Am nächsten Tag, gleich vor dem Frühstück, ging es noch einmal ab in den Swimmingpool! Ach, war das ein Leben! Morgen schon würde ich zurück im herbstlichen Österreich sein. Da musste man die letzten Stunden in den Tropen doch noch richtig genießen.

Nach dem Frühstück packte ich gleich meine Sachen. Mein Reisegepäck bestand nur aus einem Kosmetikkoffer, Sonnenbrille, Badeanzug, Sandalen, Sportschuhen, einer langen Hose, zwei Shorts, vier T-Shirts und Unterwäsche. Damit fand man an jenem Ort das Auslangen. Es war genug für den ganzen Tag, den Abend und die Nacht, war genug für alle Tage, alle Abende und alle Nächte. Was mir hier für eine Woche reichte, würde mir hier auch für ein ganzes Jahr reichen. Es war eigentlich schon mehr, als man tatsächlich brauchte, der reinste Luxus also.

Bevor ich mich entschloss, in den bereits wartenden indischen Amada-Jeep einzusteigen, hatte ich noch einen letzten Blick auf das wunderbar klare, in der Morgensonne in allen Blauschattierungen glitzernde Meer geworfen. Ich hatte schlucken müssen - und beinahe wie es mir üblicherweise bei einem so sentimentalen Abschied passiert – musste ich weinen, hätte nicht plötzlich die Britin neben mir mit schriller Stimme gefragt: „Who is going to cry?"

Diesem Satz hatte sie sodann ein kurzes aufdringliches Gelächter folgen lassen. Meine Situation war damit gerettet. Los ging die holprige Fahrt mit dem Geländewagen durch den Dschungel zum Flugplatz.

Dort erwartete uns das übliche Bild. Jedes Mal, wenn ein Flugzeug starten oder landen sollte, waren auch hier die Menschen der umliegenden Dörfer alle auf dem Flugplatz versammelt. Hunde liefen über die Rollbahn und ein Feuerwehrwagen fuhr geräuschvoll seine Kurven, um Hühner, Ziegen und Hunde für das ankommende Flugzeug von der Rollbahn zu verscheuchen. Dieser Feuerwehrwagen war eine tolle Errungenschaft der letzten paar Monate. Unsere Begleiterin vom Hotel, eine junge, blonde, dralle Südafrikanerin, erzählte uns, dass noch vor Kurzem bei jeder Landung ein Mann mit einem Handfeuerlöscher bereitgestanden war. Auch die Pistenbefeuerung gab es erst seit Juni. Vorher konnten Flugzeuge nur bis circa 17.30 Uhr gefahrlos landen, da es am Äquator um Punkt 18.00 Uhr stockfinster wird.

Sie erzählte uns, dass sie eines Tages im Juni wieder einmal ein Flugzeug mit Gästen erwartet hatte. Die Bevölkerung war auf dem Flugplatz versammelt. Es wurde 17.30 Uhr. Kein Flugzeug in Sicht. 17.45 Uhr. Sie wurde bereits unruhig. Das Flugzeug hatte sich verspätet. Nur noch fünfzehn Minuten bis zur Dunkelheit. Was tun? Da, plötzlich, mit einem Schlag erhellte sich der ganze Flugplatz. Die Rollbahn erstrahlte in einem völlig unerwarteten, neuen Licht. Eine Pistenbefeuerung war still und heimlich montiert worden. Weder sie, noch der Pilot selbst, der auf dem Weg von der Hauptstadt nach Príncipe war, waren davon informiert worden.

Man kann sich als Mitteleuropäer schwer vorstellen, was dieses Ereignis für die Menschen aus den Urwäldern bedeutet haben musste. Innerhalb von fünfzehn Minuten hatte sich die Botschaft wie ein Lauffeuer verbreitet. Immer mehr Menschen mit verzückten Gesichtern strömten von allen Seiten herbei. Im Lichtermeer, mitten auf dem Landeplatz, begann die tobende, singende, klatschende Menschenmenge zu tanzen.

Da erhellte sich plötzlich auch noch der Himmel. Das ankommende beleuchtete Flugzeug zog einen großen Bogen am Firmament und setzte zu einer abrupten Landung an. Kaum war das Himmelsgefährt auf dem Flugfeld zum Stillstand gekommen, war die ausgelassene Horde nicht mehr zu halten. Johlend, klatschend, tanzend und singend empfingen sie den Piloten als einen Helden. Jeder wollte ihm die

Hand schütteln oder ihn wenigstens berühren.

Auf diesem winzigen Flugplatz standen auch zeitweise Maschinen der portugiesischen Luftwaffe und zwei weitere Maschinen, die wohl noch lange dort stehen bleiben werden, wahrscheinlich solange, bis sie völlig verrostet sind. Somit werden sie das Schicksal vieler einstmals stolzer Schiffe teilen, die heute als rostige Skelette an den Küsten São Tomés und Príncipes vor Anker liegen, weil es an Ersatzteilen und den nötigen finanziellen Mitteln zur Reparatur mangelt. Die eine Maschine gehörte einem französischen Piloten, der bei einem Flugzeugabsturz ums Leben gekommen war, die zweite der Air São Tomé. Sie hatte im Mai oder Juni des Jahres eine Bruchlandung im Urwald, der unmittelbar an den Flugplatz angrenzt. Zum Glück hatte es dabei nur Prellungen und ein paar Knochenbrüche gegeben.

Ein letzter Blick zurück. Ein Winken. Ein Lächeln. Wir setzten uns in Bewegung. Unter meinen Füßen konnte ich den Boden der Rollbahn spüren. Und dann waren wir plötzlich in der Luft. Ein wunderbares Bild bot sich unseren Augen. Strände wie aus dem Bilderbuch. Dichter Urwald. Wahrscheinlich der noch intakteste der Erde, da die Holzindustrie hier keine Rolle spielte, dachte ich. Und dann die See.

Schillernd wie ein Meer von Diamanten im gleißenden Sonnenlicht, als hätte jemand ein riesiges Tuch ausgebreitet und der Himmel hätte sich geöffnet, um eine unermessliche Menge von Diamanten darauf niederprasseln zu lassen.

Auf der Hauptinsel São Tomé erwarteten uns wieder der altrosa blühende Hibiskus und schier in Flammen stehende Flamboyants, verfallende portugiesische Kolonialbauten und Gebäude im kubanischen Stil, schreiende Marktfrauen, die sichtlich am späteren Nachmittag bereits etwas zu viel von dem einheimischen Bier konsumiert hatten, und süße, schokoladefarbene Kinder, die uns „amiga" zurufend mit ihren kleinen Händchen winkten. Verrostende Schiffe lagen im Hafen vor Anker. Die Taue waren noch intakt. Daneben glitten überfüllte Einbäume, die mit reichem Fang heimkehrten, an Land. Die erfolgreichen Fischer wurden von einer Meute johlender Frauen empfangen, die ihnen die Fische auch gleich entrissen.

Während das britische Ehepaar einen Botschafter besuchen ging, schlenderte ich den Strand entlang. Das erste Mal nach langer Zeit erinnerte ich mich wieder an unseren gemeinsamen Aufenthalt in Nigeria. Ich dachte, dass ich selbst auch in Nigeria hätte leben können, mein Mann hingegen nicht. Dabei war es doch seine Heimat! Ich dachte, dass man überall leben könne, in einem Erdloch, in einem Baumhaus oder wo auch immer, mit viel Geld oder ohne, wenn man nur mit jemandem lebte, den man liebte und verstand. Meine Gedanken schweiften zurück und die Zeit in Nigeria wurde mir wieder präsent.

Vor meinen Augen sah ich den Flugplatz mit der kleinen Maschine, die wir soeben verlassen hatten. „Willkommen!“, sagte der schwarze Rechtsanwalt, den ich auf dem Flug von Lagos nach Kano kennengelernt hatte. Ich war im Flugzeug neben ihm gesessen, das Baby auf meinem Schoß. Ich hatte ihm erzählt, dass ich zu meinem Mann flöge. Natürlich hatte ich ihm verschwiegen, dass ich mit dem Vater meines Kindes nicht verheiratet war und dass er gar nicht wusste, dass wir kommen. Raschen Schrittes versuchten wir nach dem Aussteigen dem ohrenbetäubenden Lärm der laufenden Motoren zu entkommen. Die Turbinen schleuderten uns heiße, trockene Luft ins Gesicht, dass es uns fast des Atems beraubte. Ich drückte mein Kind, das ich im linken Arm hielt, fester an meinen Körper und versuchte, sein Gesicht mit dem meinen vor der heißen Luft so gut es ging zu schützen. Mit der anderen Hand hielt ich den schweren Seesack fest, den ich über die rechte Schulter geschwungen hatte.

„Willkommen in Kaduna!“, hatte der Schwarze mit der eckigen, weißen Kappe auf dem Kopf wiederholt.

„Ist das Kaduna?“ Erschrocken hatte ich den Kopf zur Seite geworfen und ihm direkt ins Gesicht gestarrt, was nach afrikanischer Sitte sicherlich als unhöflich gegolten haben mochte.

„Ich muss doch nach Kano!“, brüllte ich gegen den Lärm an.

„Dann laufen Sie besser schnell zurück zur Maschine“, hatte er mir in derselben Lautstärke geantwortet, „bevor sie wieder abhebt.“

Kaduna war nur ein Zwischenstopp gewesen, von dem ich nichts gewusst hatte. Das Flugticket hatte mir nämlich die österreichische Botschaft in Lagos besorgt. Der Botschafter persönlich hatte mich mit seinem Wagen zum Flughafen gebracht. Alles hatte damit begonnen, dass ich mich bei meiner Ankunft in der damaligen Hauptstadt Nigerias bei der österreichischen Vertretung gemeldet hatte, um je eine Kopie des internationalen Tickets und meines Reisepasses zu hinterlegen, wie es mir vorher von einem Lektor der Universität, der lange Zeit in Ostafrika gelebt hatte, empfohlen worden war. Da ich durch mein unhandliches Gepäck und das Baby einigermaßen gehandicapt war, hatte ich die fürsorgliche Protektion meines Botschafters dankend angenommen.

In meinem ersten Enthusiasmus über dieses Entgegenkommen, waren mir doch auch glatt die Zeitungsausschnitte, die die Eingangstür zur Visaabteilung zierten, entgangen. Erst bei meinem zweiten Besuch sollten mir diese Artikel, die sich ausschließlich auf Berichte über nigerianische Drogendealer in Österreich beschränkten, ins Auge stechen und bedenklich erscheinen, bedenklich vor allem im Hinblick darauf, dass die österreichischen Botschaftsangehörigen ja als Gäste in Nigeria waren und diplomatische Beziehungen zwischen ihrer Heimat und dem Gastland etablieren und aufrechterhalten sollten. War dies nicht dieselbe Botschaft, die Jahre später auch auf der Liste jener Botschaften stehen sollte, die Leuten, welche keine Einreisegenehmigung nach Österreich hätten erhalten sollen, gegen eine entsprechende Summe Geldes ein Visum ausgestellt hatten? Die Nichte meines Mannes jedoch hatte trotz einer offiziellen Einladung ihres zu diesem Zeitpunkt bereits wohlhabenden Onkels und trotz vorausbezahlter Flugtickets, die dann jedes Mal unbenützt verfallen mussten, keine Einreisebewilligung von der Visaabteilung erhalten.

Nach zwei Jahren hatten wir es schließlich aufgegeben, sie nach Österreich einzuladen.

Am Flughafen in Kano hatte ich ein Taxi genommen. Der Boden des Wagens war löchrig vom Rost und die Tür auf der Beifahrerseite war mit einem Spagat zugebunden. Auf meine Frage nach einem preisgünstigen Hotel war mir das Daula Hotel empfohlen worden. Den Taxifahrer hatte ich, nachdem wir bei der Rezeption eingecheckt hatten, mit einer schriftlichen Nachricht zum Vater meines Babys gesandt:

„Wir sind heute in Kano angekommen und erwarten dich im Daula Hotel."

Auf ein emotionsgeladenes Wiedersehen sollte eine herbe Enttäuschung folgen, doch dies konnte ich zu diesem Zeitpunkt noch nicht wissen. Nicht entgangen war mir allerdings, dass mir ein Bier konsumierender Schwarzer den Mittelfinger im Vorbeigehen zeigte. Ein Vorfall, der mir ein Erlebnis in Ostafrika wieder in Erinnerung gerufen hatte. Damals war ich auch in einem kleinen Guest House am Stadtrand von Dar-es-Salaam in der Nähe der Kibo Bar angekommen, da sagte einer der schwarzen Gäste in einem unzweideutigen Tonfall zu mir, indem er mit seinem Zeigefinger in die Ferne wies:

„Madam, das große Touristenhotel ist dort drüben!"

Sollte dies etwa Apartheid sein? Es gab sie also auch von Seiten der Schwarzen, die Rassentrennung und den Fremdenhass.

Die Luft vibrierte in der Hitze. Vor mir schillerte das Meer in allen Pastelltönen unter der sengenden Sonne. In meinen Gedanken war ich in Nigeria gewesen, doch jetzt wurde ich der Tatsache, dass ich mich in São Tomé befand, wieder gewahr. Etwa sieben Jahre waren seit damals vergangen. Ich blickte den Wellen nach, an denen sich meine Gedanken brachen.

In der Zwischenzeit waren die beiden Briten zurückgekommen. Wir bestiegen ein Taxi und fuhren zum Hotel. In der Bar war einiges los. Nicht nur Hotelgäste waren hier zu finden, sondern gegen Abend füllte sich die Bar zusehends mit Immigranten verschiedenster Herkunft. Bald war es Zeit für meinen Rückflug nach Europa.

Beim Flughafen waren Menschenmassen versammelt und so ziemlich alle Autos, die es auf der ganzen Insel überhaupt gab. Ich beobachtete eine ergreifende Abschiedsszene. Ein kleiner Bub sollte wohl ins Ausland zur Schule geschickt werden, in der Hoffnung auf bessere Ausbildung und somit eine bessere Zukunft. Einige Minuten lang kämpfte der kleine, tapfere

Mann gegen die Tränen. Dann siegten sie doch. Auch bei der Mutter.

Aus demselben Grund, nämlich zwecks Ausbildung, war einst mein Mann als kleiner Bub in die Fremde geschickt worden. Zunächst bloß in die Hauptstadt. Ich erinnerte mich noch sehr gut an seine Erzählungen über die ersten Weihnachten, die er allein, etwa 2000 km entfernt von seinen Eltern und all seinen Verwandten im Internat der Schule verbracht hatte.

„Jetzt geht mein Vater ins Zimmer mit dem Weihnachtsbaum. Er zündet die Kerzen an. Und meine Mutter beginnt zu singen“, hatte er laut vor sich hin fantasiert.

Er behauptet noch immer, damals jede einzelne Szene tatsächlich vor seinen Augen gesehen zu haben. Seine Sehnsucht und sein Schmerz hatten den Raum und die große Distanz überwinden können.

„Du bist verrückt“, hatten seine Kollegen zu ihm gesagt.

Aber dann, als der Biafra-Krieg ausbrach, wurde er gar nach Europa geschickt. Biafra war seine Heimat, er war jedoch im Norden Nigerias in Kano aufgewachsen. Er war der Erstgeborene, er, das Stückchen Familie, das man ins Ausland hatte retten wollen, um der Genealogie willen, damit die Linie nicht aussterbe. Wer weiß, unter welchen Entbehrungen und mit welchem Aufwand? Man hatte ihn nach Europa gesandt in der Hoffnung, dass sich die Investition in der Zukunft einmal lohnen möge, in der festen Überzeugung, dass er eines Tages mit vollen Händen zurückkehren werde. Denn nur die Rückkehr mit reicher Beute würde das Weggehen rechtfertigen, das Weggehen vom Land seiner Ahnen.

Das kleine Grüppchen der Reisenden hatte sich nun in Bewegung gesetzt und gedankenverloren folgte ich denjenigen, die ebenso wie ich heute nach Portugal fliegen sollten. Kaum war ich ins Flugzeug eingestiegen, setzte sich die Maschine auch schon in Bewegung und wir hoben ab. Zurück ließen wir den kleinen übervölkerten Flughafen, die hell erleuchtete nächtliche Stadt und den Urwald, den die Dunkelheit jetzt verbarg. Auch die tränenüberströmte Mutter, die Immigranten, die abends an der Bar versuchten, ihre Einsamkeit zu ertränken, die rostigen Schiffe im Hafen, die portugiesischen Ruinen, die einsamen Strände, das Klatschen der Wellen und ein Stück meines Herzens.

Nur Gesprächsfetzen in portugiesischer Sprache, die von allen Seiten an meine Ohren drangen, die ich leider nicht verstand, begleiteten mich noch bis nach Lissabon. Manchmal glaubte ich, das eine oder andere Wort zu erkennen und zu verstehen. Doch schließlich verschmolzen die Laute in meinen Ohren zu einem einzigen Wort, welches immer lauter wurde und wie ein Echo in meinem Kopf widerhallte: „Amiga! Amiga! Amiga!"

Nun wieder zurück in Österreich, fühlte ich mich wie ein wildes Tier, das in einem goldenen Käfig gefangen gehalten wird, rastlos im Kreis laufend, auf eine Gelegenheit wartend, endlich wieder in die Freiheit entfliehen zu können. Afrika, das war Freiheit für mich. Pläne wurden geschmiedet und wieder verworfen, bis schließlich eine zum Ziel führende Erleuchtung kommen möge, eine Erleuchtung, mit der ein neuerlicher Afrika-Aufenthalt logisch begründbar schien. Ich legte den Reisebericht zurück in die Lade und schloss sie vorsichtig ab, um den Schlafenden, meinen Mann, nicht zu wecken. Auf Zehenspitzen verließ ich das Zimmer.

In der Küche war bereits das slowakische Au-pair-Mädchen damit beschäftigt, das Frühstück herzurichten. Ich hatte vor, mich ins Wohnzimmer zu setzen, doch als ich die schwere Doppelflügeltür mit den getönten Glaseinsätzen öffnen wollte, bemerkte ich, dass sie versperrt war. Ich presste meine Stirn gegen das Glas und versuchte, ins Zimmer zu schauen.

Die Fensterläden waren geschlossen, doch trotz der Dunkelheit, die dadurch in diesem Raum herrschte, erkannte ich, dass drinnen neue Möbel standen. Meine Augen gewöhnten sich langsam an die Finsternis und ich konnte sogar erahnen, dass es sich um Möbel aus massivem Holz handeln müsse. Da standen eine Anrichte, ein Schrank und ein großer Tisch mit acht wuchtigen, gepolsterten Sesseln, mit einiger Anstrengung konnte ich sogar die Einlegearbeiten auf der Tischplatte ausnehmen. Ich hatte genug gesehen und trat wieder von der Tür zurück. Nun verstand ich. Die Nachbarn sollten nicht wissen, was er da in seinem Haus Wertvolles verbarg, daher waren die Fensterläden geschlossen. Die neuen Möbel waren wohl nur für ihn allein bestimmt, nicht für die anderen Familienmitglieder, deshalb war ich nicht über den Kauf informiert worden. Daher war ja auch die Tür versperrt und nur er besaß einen Schlüssel. Ein Haus wie eine Gruft! Versperrt, verriegelt, verdunkelt. Und ich war lebend darin begraben! Eingesperrt in einem goldenen Käfig.

Ich ging vor die Eingangstür und dachte daran, dass ich in letzter Zeit an gar so manchem Morgen aufgewacht und aus dem Schlafzimmer getreten war, um mich plötzlich von Handwerkern umzingelt zu sehen. Aufträge waren an Firmen erteilt worden, ohne dass er mich darüber in Kenntnis gesetzt hatte. Umbauarbeiten wurden vorgenommen, Lieferungen vom Dienstmädchen entgegengenommen. Alles ohne vorherige Absprache oder Information. Der Garten war umgegraben worden. Auf einem Erdhügel lag entwurzelt mein Lieblingsstrauch mit den winzigen Dornen und den kleinen rosaroten Heckenröschen. Diese leuchtenden Knospen, dieser Lichtblick im Garten und meines Lebens war entwurzelt und achtlos weggeworfen worden, der Boden asphaltiert. Nun stand hier eine Garage.

Als ich dermaßen fassungslos dastand, musste ich an eine Geschichte denken, die ich vor Kurzem gelesen hatte. Diese Erzählung handelte von einem Rhino-Baby, welches im afrikanischen Busch seine Mutter verloren hatte. Es trottete Hilfe suchend zwischen den Büschen umher, bis es schließlich zu einer Straße kam, auf welcher gerade ein weißer PKW unterwegs war, der über und über mit graubraunem Dreck bespritzt war. Plötzlich verfiel das Rhino-Baby in Galopp und lief geradewegs auf das Auto zu. Als es jedoch direkt davorstand, und aus dem angehaltenen Auto eine Frau stieg, um auf das Jungtier zuzugehen, blickte diese in zu Tode erschrockene, weit aufgerissene Tieraugen, in denen sich ihr eigenes überraschtes Gesicht spiegelte. Nur für den

Bruchteil eines Augenblickes. Dann war das Rhino-Baby entflohen.

Die Erklärung zu dieser Geschichte war, dass der mit Schmutz und Schlamm bespritzte weiße PKW in der Abenddämmerung des afrikanischen Busches weit und breit das einzige Objekt war, das dem Bild, welches sich das Tierbaby von seiner Mutter in sein kleines Köpfchen eingeprägt hatte, am ehesten entsprach.

So war es mir auch mit meinem Mann ergangen. Einst hatte er meine Vorstellungen von Afrika, mit dem ich mich bereits in meiner Kindheit anhand von Büchern beschäftigt hatte, in mir wachgerufen. Seine schöne, glänzende, braune Haut, sein gekraustes Haar. Ich war auf ihn zugerannt voll der Hoffnung.

Doch nun blickte ich in seine Augen, die mir meine eigene Enttäuschung widerspiegelten.

Was war bloß schiefgelaufen?

Was war uns geschehen?

Es war wohl nicht die große Liebe. Früher jedoch, früher war da stets ein geheimes Einverständnis zwischen uns gewesen und unser gemeinsames Ziel - Afrika.

Ich träumte von Afrika.
Afrika, das war der Geruch nach heißem Sand,
das Prickeln der Sonne auf nackter Haut,
verrostete Schiffe im Hafen,
gierige Geier, die über der kahlen Steppe ihre Kreise ziehen,
der Geruch nach Schweiß,
das Geschrei der Marktfrauen, die am späten Nachmittag schon zu viel von dem einheimischen Bier konsumiert haben,
das Gelächter der Kinder auf mit Müll übersäten Straßen,
die Leprakranken, die mit abgefallenen Fingern vergeblich sich mühen, die ihnen zugeworfenen Münzen zu fassen,
der Rhythmus der Mörser, mit denen die Frauen das Korn zerstampfen für die karge Abendmahlzeit,
der Anblick verfallender Häuser, die schon bessere Zeiten gesehen haben,
flatternde Palmwedel in der Abenddämmerung,
ein Sternenhimmel, der zum Greifen nahe scheint, die weiße Sichel des eisernen Mondes,
riesige Kakteen, die ihre Stacheln in den Abendhimmel stoßen,
das Rauschen der Meeresbrandung,
der Schrei des Go-Away-Vogels,
klingende Choräle des Nachts in Dritte-

Klasse-Zügen,
verlassene Makoros am Fluss, über denen
die Dämmerung schlummert,
der stechende Gestank der Kanäle in den
Städten,
die Verführung schwingender Hüften, über
denen der Wasserbehälter auf dem Kopf balan-
ciert wird,
der Lockruf der Trommeln, der einsam im
Tal hinter grünen Hügeln verhallt,
gleißendes Wellblech,
staubige Landstraßen,
rote Münder in den Slums, die lachen kön-
nen, als würden sie davon satt,
Berührungen in überfüllten Autobussen,
verkümmernde Krüppel am Straßenrand,
für die kein Auge feucht wird,
die Morgensonne, welche die kahlen Äste
des Gespensterbaumes der Ahnen erklimmt,
vernichtender Gestank nach Verwesung,
der dem weit geöffneten Löwenmaul ent-
strömt, dessen Gebrüll die nächtliche Steppen-
erde erbeben lässt,
eine verwelkende Bettlerin, deren Augen
nie das Licht der Welt erblickten,
all das und noch viel mehr, das war mein
Afrika!

Und er träumte von Afrika.
Afrika, dachte er, das ist leben wie ein König unter all den Armen,
ein Gehalt, welches das Zwanzigfache vom Durchschnittseinkommen der Bevölkerung beträgt,
bedient werden,
Aircondition und Schattenspender jeglicher Art,
ein eigener Stromgenerator,
Luxusautos, deren ständig geschlossene Fenster eine Barriere bilden zum Staub und der Hitze von außen und den Belästigungen des Pöbels,
gekühltes Bier aus der Tiefkühltruhe,
aus Stein gemauerte Häuser, hinter deren verschlossenen Fenstern man ängstlich all den Luxus verbirgt,
der Geruch nach dem Blut geschlachteter Zicklein,
drei Münzen, die als Almosen achtlos in den Staub geworfen, zwanzig Bettlern Anlass geben, sich gegenseitig das kümmerliche Fleisch von den zerfallenden Knochen zu reißen,
billiges Dienstpersonal und Wachtposten, die für einen Hungerlohn den Reichtum der Privilegierten mit ihrem Leben verteidigen,
Pistolen zum Schutz oder - noch besser - Selbstauslöser,

täglich frisch gewaschene und gebügelte Kleider und Kinder wie Roboter, die in London zur Schule gehen.

Ich träumte meinen Traum. Und er träumte den seinen, vom Leben in seiner Heimat. Aber ich war nicht Teil seines Traumes. Von unserem gemeinsamen Ausgangspunkt gingen zwei Wege weg, einer für ihn und einer für mich. Beide sollten nach Afrika führen. Doch was ich zunächst nicht wahrhaben wollte - es gab keine Verbindung zwischen den beiden Wegen. Und wenn jeder für sich seinen Weg nun erst einmal beschritten hatte, wusste man nicht mehr, an welchem Punkt man sich gerade befand. So verlor man auch den Sinn für die Richtung. Ich irrte umher, suchte und suchte und suchte ...

Als er damals nach Nigeria zurückgekehrt war, hatte er mich nicht mitgenommen. Kurz entschlossen und ohne sein Wissen war ich ihm eines Tages mit unserem Baby gefolgt, meine beiden Kinder aus erster Ehe in Österreich alleine zurücklassend. Er war ein Fremder geworden, was ich wiederum bei meiner Ankunft noch nicht wissen konnte, ein Fremder in seinem eigenen Heimatland. Verdorben von einer europäischen Kultur, konnte er sich in seiner Heimat nicht mehr zurechtfinden. Auch seine Sprache hatte er teilweise verlernt und machte sich zum Gespött, wenn er versuchte, sich in ihr auszudrücken. Er musste wohl eine große Enttäuschung für seine Verwandten und Freunde gewesen sein. Abends spritzte er sich immer irgendein „Medikament“ in die Venen. Die Butterflys mit den blutigen Schläuchen entglitten danach sofort seinen Händen. Er fiel in die Kissen zurück. Ein ohnmachtsähnlicher Schlaf. Während der Nacht wurde er angeblich von der sogenannten „Therapie“ immer sehr hungrig. Traumwandelnd stieß er auf der Suche nach etwas Essbarem alles um, verschüttete Flüssigkeiten und hinterließ überall Brösel und Essensreste. Jeden Morgen sah es aus wie nach einer Schlacht. Mich fröstelte beim Anblick der Injektionsnadeln und der blutigen Tupfer, die er neben unserem Bett einfach fallen hatte lassen, und die ich dann im Zuge meiner allmorgendlichen Aufräumungsarbeiten in den Mistkübel werfen musste. Vom großen Geld hatte er geträumt. Er hatte geglaubt, in Nigeria könne man mit guter Ausbildung und ehrlicher Arbeit reich werden. Einfach so.

„Du brauchst nur zu kommen und alles wird sich finden“, hatte man ihm versprochen. Er war belogen worden. Man hatte ihn mit diesen Versprechungen zurückgeholt. Und er hatte es geglaubt. Das war sein Fehler gewesen. Doch er sei ja Arzt und wisse sich daher zu helfen, hatte er gesagt. Keine illegalen Drogen! Nein, die lehnte er ab. „Medikamente“, sagte er, nur eine „medikamentöse Therapie“, denn er gehöre zu der Generation von Afrikanern, die nach Europa gekommen seien, um zu studieren. Mit Drogen wolle er nichts zu tun haben.

Als ich nach Nigeria nachkam, hatte er dort schon eine nette Wohnung als Arztpraxis gemietet und mit den aus Österreich mitgebrachten medizinischen Geräten und Instrumenten ausgestattet. In Deutschland hatte er einen weißen Mercedes gekauft und von Belgien aus nach Nigeria verschiffen lassen. Monatelang hatte er darauf in Lagos warten müssen, denn die Zollformalitäten waren kostspielig und langwierig. Zunächst einmal hatte er versuchen wollen, seinen Wagen, den er doch rechtmäßig erworben hatte, vom Hafen abzuholen, ohne Bestechungsgelder zu zahlen. Doch ohne Bestechung ging gar nichts in diesem Land. Eines Tages musste auch er dies einsehen; während eines kurzen Händedrucks wechselten ein paar Geldscheine den Besitzer und sein Auto wurde ihm schließlich ausgehändigt. Zur Zeit meiner Ankunft hatte er bereits in einem Privatspital zu arbeiten begonnen, hatte aber keine eigene Wohnung. Wir mussten abwechselnd bei einer befreundeten Familie und der Familie seiner Schwester wohnen und uns alle drei ein Bett teilen. Er kaufte ein Sofa für das Wartezimmer seiner Praxis. Wieso ein Sofa, dachte ich, würden es ein paar Sessel nicht auch tun? Patienten hatte er angeblich noch keine. Die Praxis wäre einstweilen noch unbenützt, sagte er.

Ich fragte: „Warum kaufen wir nicht ein paar Betten und wohnen in der Praxis?"

Nein, das gehe nicht. Die strenge Trennung zwischen Geschäfts- und Wohngegend war wohl ein koloniales Erbe und Prestigesache. Auch geboten ihm Standesdünkel, gewisse Gegenden für Wohnzwecke auszuschließen. Die Praxis war gleich neben dem Markt. Als Arzt könne er dort doch unmöglich wohnen!

Das Sofa war von dem Geld, das ich aus Österreich mitgebracht hatte, gekauft worden. Es war kurz vor Weihnachten und ich hatte 7.000,- österreichische Schillinge nach Nigeria mitgebracht, die mir allerdings dort keine Bank wechseln wollte. Daher entschied ich mich dafür, mit dem Linienbus von Kano nach Lagos zu fahren, um die österreichische Botschaft zu bitten, mir das Geld in Naira umzutauschen. Etwa 17 Stunden dauerte die Fahrt. Diesmal war ich alleine ohne Baby unterwegs. Erschöpft und hungrig, aber vor allem durstig, kam ich schließlich an meinem Ziel an. Wieder wurde ich von meinem Botschafter sehr freundlich empfangen und zum Essen eingeladen. Doch anstatt mir das Geld zu wechseln, wollte man mich dazu überreden, mit dem nächsten Flugzeug nach Österreich zurückzufliegen und mein Kind bei seinem Vater in Nigeria zurückzulassen, ohne ihn davon zu verständigen und ohne mich zu verabschieden. Der Botschafter selbst würde dafür Sorge tragen, dass ich heil zu meiner Maschine gebracht würde. Sie, die Botschaftsangehörigen, hätten bereits die gepackten Koffer unter ihren Betten liegen, jederzeit zum sofortigen Abflug bereit. So schlimm wäre es in Nigeria. Doch Jahre später sorgten sie für Schlagzeilen: „Österreichische Botschaft in Lagos korrupter als die Nigerianer selbst". Auch korrupter als die nigerianischen Drogendealer, deren Bilder sie an der Tür zur Visaabteilung kleben hatten und deren österreichische Einreisegenehmigungen sie ja selbst ausgestellt haben mussten.

Nachdem ich diesen Vorschlag strikt abgelehnt hatte, brachte man mich mit dem Botschaftsauto wieder zurück zur Busstation, von wo ich unverrichteter Dinge in Richtung Kano zurückfuhr. Das Geld war mir nämlich nicht gewechselt worden. In Kaduna jedoch stieg ich aus und suchte das deutsche Konsulat auf, welches mir auch tatsächlich half, meine Schillinge in Naira umzutauschen, auf dem Schwarzmarkt, versteht sich. Einer der Angestellten brachte mich damals mit seinem Wagen zu einer kleinen Hütte. Dort empfing mich eine dunkelhäutige, asiatisch aussehende Frau. Nachdem mein Begleiter ihr den Sachverhalt erklärt hatte, holte sie aus der hintersten Ecke des Zimmers eine große Schachtel hervor, die bis zum Rand mit abgezählten und zu kleinen Päckchen zusammengebundenen Geldscheinen gefüllt war. Nach erfolgreichem Geldwechsel fuhr ich mit einem Taxi nach Kano. Dieses Mal fehlte die Tür auf der Fahrerseite und die Löcher im Boden waren so groß, dass man achtgeben musste, während der Fahrt nicht mit dem Fuß durchzurutschen.

Ich ging zurück ins Haus. In der Zwischenzeit waren die Kinder aufgewacht und wieder einmal außer Rand und Band. Dieses ständige Schlagen von Türen, dieses ohrenbetäubende Gebrüll und Geschrei, lauthals Beschimpfungen! Das Spielzeug wurde durch das ganze Haus geschleudert. Zerbrochene Autos und verkrüppelte Puppen lagen in allen Ecken. Sie waren mir völlig entglitten, außer Kontrolle geraten. Auch das Kindermädchen mit gebrochenem Deutsch war auf verlorenem Posten.

Ich betrachtete mein kleines Töchterlein. Ihre goldbraun glänzende Haut. Wie zärtlich ihre Umarmung, wie fordernd ihre Stimme, die Bewegung ihrer Hüften! Wie in Trance spürte ich ihre heißen Lippen auf meiner Stirn und blickte in kalte, braune Augen. Ich erstarrte in ihrer Umarmung. Dann sah ich ihr zu, wie sie sich drehte und tanzte. Wie aus weiter Ferne hörte ich sie singen. Ihre süßen Worte. Ihre liebliche Melodie. Weise war der Blick ihrer Augen, vorwurfsvoll ihr runder Mund und eisern ihre kleine Hand. Da ertrank ich in ihrer Liebe.

Wie ein Gestirn in seiner Umlaufbahn um einen Fixstern umkreiste ich das Haus. Immer wieder. Mein Haus. Die Zentripetalkraft, das waren die Kinder, meine Kinder, mein eigenes Fleisch und Blut, das mich in der Schwebe hielt, auf dass ich nicht verlöschen möge!

Was hatte diese Blinde damals nur gesehen, was ich selbst noch nicht wissen konnte? Von Trennung war zu diesem Zeitpunkt noch gar keine Rede gewesen. Ich erinnerte mich daran, wie das Gespräch zustande gekommen war. Es war vor dem Postamt gewesen und meine Kinder hatten sich fröhlich lachend unterhalten. Doch plötzlich hatte mich die schrille Stimme einer alten Frau zusammenzucken lassen.

„Diese Ausländerkinder sind so laut!“, hatte sie geschrien.

„Was? Meine Kinder sollen Ausländerkinder sein?“ Ich hatte ihr geantwortet, dass sie vor der wohlverdienten Ohrfeige nur ihr Alter schütze. Daraufhin hatte dann die blinde Frau sich eingemischt und das Gespräch mit mir begonnen.

„Lassen Sie die Kinder bei ihm! Sie werden nie Teil sein unserer Welt.“ Sagte sie zu mir ungefragt.

Nun kam mein Mann grußlos die Treppe herunter. Er rief die Kinder zu sich und bespritzte sie mit einem rotbraunen, schmutzig aussehenden Wasser, das er aus Nigeria mitgebracht hatte, ein Wasser, das angeblich ein Wundermittel enthielt, um sie stark zu machen. Dazu murmelte er Zauberformeln. Voodoo gegen meinen negativen Einfluss auf „seine“ Kinder.

„Wenn wir in Nigeria wären“, hatte er des Öfteren zu mir gesagt, „glaubst du vielleicht, ich würde mit deiner Familie an einem Tisch sitzen?“

Nach unserer Rückkehr aus Nigeria hatten ihm die Beziehungen meiner Mutter geholfen, gar so manche bürokratische Hürde im Laufschritt zu nehmen. Sie hatte es für mich getan. Aber wir hatten uns getäuscht und die Rechnung mussten wir und andere bezahlen, denn später wurde meine Mutter, die ein schlechter Umgang sei und einer minderwertigen Familie entstamme, aus „seinem“ Haus hinausgeworfen und auch meine beiden Söhne aus erster Ehe waren ja nicht sein Fleisch und Blut.

Besonders mein Stiefsohn war ihm ein Dorn im Auge. Dieser war ja nicht einmal mit mir blutsverwandt. Männliche Konkurrenz also in seinem eigenen Haushalt! Da fiel mir eine Konversation wieder ein, die ich damals in Simbabwe zwischen zwei Schwarzen einmal zufällig gehört hatte:

„Malaika, willst du mich heiraten?“, hatte ein gutaussehender Mann seine Partnerin, die zufällig an der Rezeption des Hotels neben mir stand, gefragt.

„Nein, danke“, hatte die hübsche, schlanke Frau sofort geantwortet.

„Warum denn nicht?“

„Ich habe ein Kind. Soll ich etwa noch einmal heiraten, um jemandes ‚Mrs.‘ zu sein? Oder damit mein Mann meinen Sohn aus seinem Haus hinauswirft?“

Manchmal versteht man jedes Wort, ohne zu begreifen. Aber man weiß es gar nicht, dass man nichts begreift. Ich lächelte verständnisvoll, lachte sogar in mich hinein. Insgeheim pflichtete ich ihr bei, weil ich die Sprecherin für schlagfertig und die Antwort für einen gut gelungenen, humoristischen Gag hielt. Doch ich kam nicht einmal auf die Idee, dass von mir selbst die Rede sein könnte, dass diese Worte auch nur das Geringste mit mir, mit meiner eigenen Situation zu tun haben könnten. Die ersten Zeichen schon hatte ich in meiner Naivität ignoriert gehabt, nämlich die Tatsache, dass mein eigener Mann meinen Stiefsohn sogar von seinem angestammten Platz am Esstisch vertrieben hatte, Anspruch auf eben diesen Platz erhebend, obwohl noch genügend andere Plätze frei gewesen wären. Man sollte stets die Vorboten beachten, mögen sie auch noch so gering und banal erscheinen, damit man später einmal nicht von den Ereignissen überrumpelt wird.

Näher als an jenem Tag an der Hotelrezeption war ich der Erkenntnis wohl noch nie gewesen, denn sie, diese kluge Frau, stand direkt neben mir. Dennoch verfehlte mich ihre Botschaft. Was nützte mir ihr Wissen? Noch war die Brücke zwischen uns nicht geschlagen, die die Verbitterung später – leider zu spät - schuf. Denn schließlich war mein Stiefsohn nicht nur von seinem Sitzplatz am Esstisch vertrieben worden, sondern aus unserem Haus. Sobald sich mein Mann in Österreich nämlich etabliert hatte, wurde der Konflikt zwischen ihm und dem Buben unerträglich, schon früher latent vorhanden, von mir hartnäckig ignoriert, wurde er nun aber so offensichtlich, dass der damals fast Vierzehnjährige es vorzog, zu seinem leiblichen Vater zu übersiedeln.

Bald darauf kam er ins Kinderheim.

Drogenmissbrauch, Straffälligkeit, Inhaftierung und schließlich eine HIV-Infektion waren die Folgen. Zerstört war das hoffnungsvolle Kind, zerrissen das gute Herz. Ein einfühlsames, gutes Herz, das hatte er stets gehabt. Bei gar so manchem traurigen Film hatten sich unsere Blicke gekreuzt. Jeder hatte Tränen in den Augen des anderen schillern gesehen. Verschwommener Blick, beinahe unmerkliches Nicken, stilles Einverständnis. Wir verstanden einander ohne Worte. Blut ist dicker als Wasser, sagt man, doch manchmal ist es umgekehrt. Mein Stiefsohn war geschieden. Ich hatte es zugelassen.

Nie hatten wir einander wiedergefunden, bei keiner Wiederbegegnung die richtigen Worte gewählt. Warum hatte ich ihn damals nicht vermisst? Womit war ich denn so sehr beschäftigt gewesen? Ich hatte keine Zeit gehabt, in mich hineinzuhorchen, keine Zeit, den Schmerz zu fühlen. Ich hatte mich unantastbar gemacht und über alle Zweifel erhaben. Das Leben hatte weitergehen müssen, auch ohne ihn. Die Ironie des Schicksals wollte es, dass er den „goldenen Schuss" just aus den Händen eines Schwarzafrikaners empfing.

Als wir beide an Afrika gescheitert waren, mein Mann und ich, und alles anders gekommen war, da hatte ich nicht lange nachgedacht. So wie es kam, so kam es. Ich hatte nicht näher hingesehen, nicht lange gefragt, warum. Da waren die Kinder. Da war die Arbeit, die getan hatte werden müssen. Ich hatte erst gar nicht überlegt, ob das Leben mit ihm passte, sondern hatte es einfach gelebt, mit ihm gelebt und nicht darüber nachgedacht und schließlich war es passend geworden. Ich hatte meine Wünsche zurechtgebogen und mich nach der Decke gestreckt, meine Vorstellungen hatte ich der Realität angeglichen wie der König in „Le Petit Prince“, der glückliche König, der auch nur solche Befehle gab, die sich aufgrund der Naturgesetze von selbst erfüllten. Meine Forderungen hatten den Möglichkeiten entsprochen, meine Wünsche den Gegebenheiten.

Ich setzte mich auf die Treppe im Vorzimmer und dachte an meine eigene Kindheit zurück. Als ich damals so alt war wie meine Kinder jetzt, waren die sonntäglichen Kirchenglocken meiner frühen Jahre schon längst verklungen. Stattdessen tönten animalische Laute von der Leinwand, die im Wohnzimmer gespannt war, wo nackte Körper zappelten und lechzende Zungen sich wanden. Fäkalienanbeter und Fettpolsterfetischisten. Peitschen schnalzende, wirbelsäulenlose Sex-Akrobaten. Tätowierte Gliedmaßen in Leder und Ketten geschnürt.

Fingernägel, von denen der Nagellack bereits abgesplittert war, unter all dem gekünstelten Gestöhne. Das waren die Augenblicke, wo er begann, uns Mädchen unsittlich zu berühren. Unsere Mutter sah zu und wagte es nicht, es ihm zu untersagen. Und wenn er in der Nacht stockbesoffen seine Schießübungen in der Wohnung machte, dann stellte ihm unsere Mutter Kopfpolster an die Wände, damit die Nachbarn nicht aufwachten, und sie führte uns drei Mädchen die halbe Nacht spazieren, bis unser Stiefvater sich beruhigt hatte.

Ich sprang auf und lief in mein Zimmer. Hastig durchsuchte ich meine Schreibtischlade. Ich musste doch noch irgendwo mein erstes Tagebuch haben. Nach langem Blättern fand ich endlich die Stelle:

„Kälte und Dunkel umhüllen mich. Ich sehe Krieg und Kinder mit geblähten Hungerbäuchen. Hasserfülltes Zähnefletschen. Auf dem Boden winden sich Leiber, die mit bekrallten Fingern sich selbst die Gedärme aus den aufgeschlitzten Bäuchen reißen auf der Suche nach dem Schmerz in ihrem Inneren. Ich sehe diese öde Welt, ein steiles Felsgebirge. Menschen wollen es besteigen. Doch sie gleiten ab an dem glatten Gestein, rutschen immer tiefer ... und tiefer ... und tiefer. Ein Abgrund ohne Boden. Ich starre in eine Traumwelt, die nur für mich existiert, in eine imaginäre Flamme, wo das Gelb das Rot aus dem Grün hervorholt. Da erlöschen sie, all die Farben, und ziehen ein rauchiges Grau nach sich. Dunkel und Krieg umhüllen mich. Ich selbst stehe in der Schlachtreihe. Getroffen falle ich zu Boden. Über mich hinweg fegt die rasende Horde. Ich kann ihre Füße sehen. Tausende Füße. Abertausende Füße. Gehetzte. Vertriebene. Gejagte. Hetzende. Vertreibende. Jagende. Der Dschungel. Der Dschungel verschluckt mich. Etwas Heißes läuft über meinen Rücken."

Das war nun die Musik meiner Kindheit und Jugend mit all ihren Dissonanzen. Der Kalte Krieg und andere Kriege haben sich wohl in meinen Ängsten und den daraus resultierenden Texten niedergeschlagen. Alles, alles fiel mir wieder ein. Alles war nun wieder präsent. Biafra und Vietnam, die Demonstrationen auf der Uni-Rampe, Che Guevara, die „Ho-Ho-Ho-Chi-min"-Rufe, die afrikanischen Guerillas. Hatten sie ihre Ziele erreicht? Waren sie ihren Idealen treu geblieben? Oder waren sie der Versuchung erlegen, ihr Afrika, ihren einstigen Traum zu verraten in ihrem Streben nach Macht und Geld? Und die Hippies vom Theseus-Tempel. Sie demonstrierten schon lange nicht mehr. Unsere Diskussionen im Stadtpark, auf der Wiese im feuchten Gras liegend. Die samstäglichen Bibelstudien und Jesus. Sie alle hatten mich auf meinem Lebensweg begleitet. Für mich hatten keine Widersprüche zwischen Kommunismus und Christentum bestanden. Alles vereinigte sich nun wieder in meinem Kopf. Alles, alles war eine einzige Masse, eine einzige Erdmasse. Aus dieser Erde war ich geformt. Aus dieser Erde war ich geschaffen.

Es war bereits später Nachmittag, als ich mein Zimmer wieder verließ. Das Kindermädchen war im Obergeschoss damit beschäftigt, die Kinder zu baden und die Betten für die Nacht herzurichten.

„Gib mir mein Bier!“, hörte ich meinen Mann rufen. Erschöpft und verschwitzt lief sie hinunter, damit sie ihm sein Bier reiche, aus dem Kühlschrank, neben dem er selbst breitbeinig saß. Ihr verbat er seit einigen Wochen auch, Kaffeepulver zu kaufen, denn die einzige Person in der Familie, die Kaffee trank, war ich. Eine völlig überflüssige, zusätzliche Bosheit. Ebenso gab er ihr den Befehl, die Fenster zu verdunkeln, die Vorhänge stets zuzuziehen, die Jalousien herunterzulassen, mit einer Kopfbewegung in meine Richtung und der Bemerkung:

„Weil sie dazu nicht fähig ist.“

Zu mir sprach er seit Neuestem nur mehr in der dritten Person, wenn er mich ansprach:

„Ist sie nicht normal? Schau, was sie nicht

sagt?“ Dabei blickte er mich an, so wie er mich früher bei dem Wort „du“ angeblickt hatte.

Die Kinder waren nun im Pyjama. Da packte ich sie an den Händen und lief mit ihnen zum Auto.

„Steigt schnell ein! Ich zeige euch etwas“, sagte ich.

Wir fuhren auf den Hügel am Rande der Ortschaft. Oben angekommen, ließ ich sie auf dem kleinen Parkplatz aussteigen. Ich zeigte auf den Horizont.

„Dort ist Afrika“, rief ich. „Stellt euch vor, dort ist Afrika! Seht wie schön!“

„Die Mama ist verrückt“, raunten die Kinder einander zu.

Doch schon tauchte die Sonne alles in ein zartes, pastellfarbenes Licht. Ein paar späte Vögel zogen ihre Kreise am Firmament und plötzlich gewannen die Sonnenstrahlen noch einmal an Intensität. Wie lange, spitze Nadeln stachen mich ihre Strahlen in die Augen, trafen mich direkt ins Herz und tauchten die Wolken in ein mystisches rosa-lila Licht. Die Vögel verschwanden. Der Himmel wurde still. Innerhalb weniger Minuten verfärbte sich die gelbe Feuerkugel am Firmament orange, dann leuchtend rot, bis sie schließlich dort, wo sich der Himmel mit dem Wasser des nahen Stromes vereinte, verglühte. Noch verbargen die farbenprächtig schillernden Wolken den Mond. Noch kämpfte die blutrote Wasseroberfläche gegen die Finsternis an und erleuchtete den Himmel mit dem Licht der Sonne, welche die Fluten des breiten Flusses jetzt verschluckt hatten. Doch dann siegte die Dunkelheit über das Licht. Die Wolken entließen den eisernen Mond aus seiner Gefangenschaft. Und sein silberner Schein legte sich wie ein riesiger Zeigefinger über die Welt.

Am nächsten Morgen fuhr ich wieder ins Büro und wartete auf meinen Mitarbeiter. Unsere Zusammenarbeit war als sehr harmonisch zu bezeichnen. Wenn wir uns schriftliche Nachrichten zukommen ließen, benutzten wir Wortspiele, auch waren sie von journalistischer oder literarischer Qualität. Das dachten wir jedenfalls.

Von den Kapverdischen Inseln hatte ich ihm vor Kurzem eine Karte mit dem folgenden Text geschrieben:

„Landeanflug auf Sal. Wie gegerbte Elefantenhaut breitet sich das Meer unter den einzeln dahinziehenden Wolken aus, ölig schillernd in den Regenbogenfarben. Das Land nur Sand und Steine. Begrüßung durch Wind. Geruch nach heißem Sand. Sonnenstrahlen, denen der Wind bereits die Wärme genommen hat, bevor sie die Haut berühren. Alte Autoreifen säumen die

Straße. Einige Häuser, die den Mut zur Rechteckigkeit haben. Sand und Steine. Ein paar Bäume, in die Breite gedrückt von der erbarmungslosen Sonne und dem alles zerzausenden Wind. Und dann das Hotel, hingepatzt in die Möchtegern-Landschaft, direkt am türkisfarbenen Traumstrand, in den man alle Hoffnung gesetzt hat. Auf ein solches Stückchen Sandstrand konzentriert sich alle Illusion von Urlaubsfreuden. Nun bemerke ich es: ich habe sie hierher mitgenommen, meine innere Verspanntheit, sie hemmungslos auf diese Insel geworfen. Ich habe wieder einmal den Fehler begangen, mich selbst mitzunehmen. Es ist nicht leicht, sich von sich selbst zu trennen. Vom Winde gepeitscht rollen des Meeres Wellen gegen das Ufer, und dann brechen sie aus, in überschäumendes Gelächter über mich."

„Oh, wie poetisch!", sagte er, als er erst kurz nach meiner Rückkehr die Karte mit diesem Text erhalten hatte, und dabei schüttelte er langsam den Kopf und blickte mir aus zusammengekniffenen Lidern tief in die Augen.

„Schatz, was werden wir uns denn heute kochen?", fragte ich ihn unvermittelt um der Situation zu entgehen. „Oder holen wir uns eine Pizza von vis-à-vis?"

Wir spielten Büro-Ehe. Während der Arbeitszeit hörten wir gemeinsam Musik. „Tori

Amos“ zum Meditieren. „Zap Mama“. „Seal“, „Blur“ und „R.E.M.“. Wir zündeten Kerzen und Räucherstäbchen an, machten uns überhaupt die Zeit zwischen den einzelnen Kunden so gemütlich wie nur irgend möglich. Eine Flasche Bier oder eine Zigarette und eine Tasse Kaffee. Die Abstände zwischen den einzelnen Kunden waren in letzter Zeit immer größer geworden. Wir sprachen viel miteinander. Den ganzen Inhalt meines vollen Herzens ergoss ich über ihn. Die spärlichen Kunden schüttelten den Kopf über uns und wurden mit der Zeit immer weniger.

Manchmal wollten wir uns gegenseitig zur selben Zeit anrufen. Manchmal begannen wir im selben Augenblick denselben Satz zu sprechen. Manchmal lasen wir zufällig zur selben Zeit dasselbe Buch, „Amerika“, „White Spirit“, „Eine Suche nach dem Glück“. Er machte mir Mut. Mit dem Geschäft ging es rasant bergab. Bald schon verflüchtigten sich auch die letzten Kunden. Er überlegte mit mir gemeinsam Verbesserungen für mein Büro, als ob es auch das seine wäre. Wände neu streichen. Auslagen schöner dekorieren. Wir setzten es in die Tat um. Packagetouren ausschreiben: „Sonderreise nach Südafrika“. Flugzettel verteilen. Er verteilte sie auf der Straße. Partneragenturen besuchen. Mehr Werbung. Nur noch ein bisschen mehr investieren. Postversand. Es muss sich doch endlich rentieren! Glücksspiel! Glücksspiel! Vielleicht nur noch diesmal. Dann geben wir aber auf. Nein, doch noch einmal. Glücksspiel! Ein Glücksspiel wie eine Sucht. Und wir realisierten unsere Ideen gemeinsam, leider ohne den ersehnten Erfolg.

Er tröstete mich und blieb an meiner Seite. Und ich hatte begonnen, ihn immer mehr und mehr in all meine Planungen und Überlegungen mit einzubeziehen. Er war mein Alter Ego, mein anderes Ich, der Spiegel meiner Seele. Oft bohrte ich meinen Blick tief in seine wunderschönen Augen, die so viel Wärme abgeben, so viel Verständnis ausstrahlen konnten. Im Klang seiner sonoren Bassstimme konnte ich schaukeln wie auf einer sanften Welle. Ja, es waren vor allem seine Augen und seine Stimme, die ich in dieser Zeit liebte wie nichts auf dieser Welt. Wie wäre es sonst zu erklären, dass es mir nicht die Schamröte ins Gesicht trieb, wenn ich mein eigenes Empfinden von ihm ausgedrückt hörte? Wir wurden einander ähnlich. Auch ihm hatte es in Afrika gefallen. Und damals, als er mich auf meinem Handy angerufen hatte:

„Heh, Chefin, kennst du São Tomé? Bei mir sitzt ein Mädchen, das dort eine Zeit lang mit ihren Eltern gelebt hat.“

Wie ich mich dann beeilt hatte, ins Büro zu

kommen, um alle Einzelheiten von der jungen Frau zu erfahren! Wir saßen beide wie gebannt und hörten ihr mit Andacht zu. Da hatte alles seinen Anfang genommen. Er hatte es genau gewusst, was mir guttun würde. Wir konnten uns an einem Wort erkennen: „Afrika“. Zwei Menschen, ein Blick, ein Code, eine Losung.

„Sonderreise nach São Tomé e Príncipe“ hatten wir gemeinsam ausgeschrieben. Er hatte das Flugblatt gestaltet. In Kleindruck hatte er an den Rand geschrieben:

„Achtung! Warnung des Ministeriums: São Tomé kann Ihr Leben verändern!“

Und wie es mein Leben verändert hatte!

Doch trug ich nicht überall, wohin ich auch reiste, Österreich beziehungsweise Europa mit mir herum? Ich konnte reisen, weil ich in Europa geboren war und weil der Wechselkurs günstig war. Ich konnte reisen, weil ich als Reiseveranstalterin von Partneragenturen eingeladen wurde, die Brandmale des Kapitalismus aufzuspüren. Ich konnte reisen aus perverser Lust, mein Afrika zu verdinglichen und seine Schönheit der Prostitution preiszugeben. Jeder Lobpreis war ein stiller Hohn, jedes freudige Frohlocken, jener prächtige Exotismus, dessen ich mich nicht genug preisen konnte, waren Täuschungen. Wie konnte man diesen entrinnen? Man musste einen Ausweg erfinden, in jedem Augenblick seinen eigenen Ausweg. Und indem man seinen eigenen Weg erfindet, erfindet man sich selbst.

Manchmal bedauerte ich es, dass die Liebe zu meinem Mitarbeiter rein platonisch war. Ich dachte, wenn unsere Beziehung noch intimer wäre, würde er mich in seinen Freundeskreis einführen. Dies wäre damals mein sehnlichster Wunsch gewesen. Durch die Ehe mit einem Nigerianer war ich zur Außenseiterin geworden und hatte so gut wie keinen österreichischen Freundeskreis. Da begegneten wir einander mit unseren Augen. Das war der Moment, wo ich die Lider senkte. Dabei horchte ich aufmerksam in mich hinein, wartete auf den inneren körperlichen Impuls und wartete vergebens. Wenn ich mit ihm allein im Zimmer so ganz nahe bei ihm saß, schämte ich mich plötzlich. Ich war vor ihm wie eine Jungfrau. Denn er war anders. Er war so ganz anders als die Männer, die ich kannte, so intellektuell und kritisch, so vertraut und unnahbar, so nah und fern zugleich, so freizügig mit Worten und so zurückhaltend in seinen Taten. Manchmal, wenn er dicht neben mir saß, glaubte ich zu spüren, dass er von mir berührt werden wollte. Doch im nächsten Augenblick hatte er wieder diese unsichtbare, nicht zu durchbrechende Wand zwischen uns aufgebaut. Ein Katz-und-Maus-Spiel. Er war so scheu und verletzlich wie ich. Und ich liebte und begehrte ihn mit dem Kopf und mit dem Herzen umso mehr, je offensichtlicher wir einander unsere Körper versagten.

Er war einige Jahre jünger als ich, aber auch ich war wieder jung geworden. Nachdem ich einen großen Ballast an Körpergewicht abgeworfen hatte, hatte sich meine Haut wieder geglättet. Ich wollte nun alles nachholen, was ich glaubte, während meiner Ehe und wegen der Kinder versäumt zu haben. Nur Materie kann altern. In meinem Herzen, in meiner Seele war ich stets jung geblieben, denn Seelen haben kein Alter. Seelen, sinnierte ich weiter, haben auch keine Farbe, keine Hautfarbe. Sie sind weder schwarz noch weiß. Haben Seelen eigentlich ein Geschlecht?

Ich muss mir selbst ein wenig widersprechen. Nicht um ihn ging es mir, sondern um mich selbst. Nicht ihn liebte ich, sondern mich in ihm. Nicht um unsere Beziehung ging es, sondern um meine Beziehung zu ihm und um meine Beziehung zu mir selbst. Daher war ich auch nicht unglücklich verliebt, nicht traurig darüber, dass unsere körperliche Beziehung nicht klappte, denn unsere Beziehung hatte ihren Zweck voll und ganz erfüllt. Es war für mich eine Art der Selbstfindung.

Ich tänzelte auf hohen Stöckeln. Die Miniröckchen wippten. Meine Schenkel zwängten sich in enge Jeans. Die ganze Welt war eine Bühne, meine Bühne. Sie gehörte nur mir ganz allein. Und meine Welt, das war mein Geschäftslokal und die Nachbarn, die mich tänzeln sahen. Alles in einem Radius von – waren es fünfhundert Meter? – waren es tausend Meter? Mein Geschäftslokal. Meine Welt. Mein ganzes Reich. Meine Geschäftspartner und Kunden, denen meine Röcke etwas vorwippten. Und er. Meine Zierde, mein Dekor, mit dem ich mich für mich selbst und andere schmückte. Niemand sollte mehr sagen können:

„So wie die aussieht, bekommt sie natürlich keinen Österreicher, darum muss sie mit dem Neger gehen."

Ich gebrauchte ihn als Vorwand für das Scheitern meiner Ehe. Einen Vorwand für mein neues Glück, mein erwachtes Selbstwertgefühl. Ich bohrte meinen Blick tief in seine Augen und studierte ihn auf der Suche nach den Tiefen seiner Seele, auf der Suche nach den Tiefen meiner Seele, auf der Suche nach mir selbst. Denn er war mein Spiegel und mein Spiegelbild zugleich, mein heiß ersehnter Bruder, der mir als Kind versagt geblieben war. Er war meine beste Freundin, meine allerbeste. Er war das, was die Stange für eine Ballerina ist, eine Stange, die ebenfalls ohne ihr Zutun der Tänzerin hilft, sich zu entwickeln. An ihm konnte ich mich festklammern. An ihm konnte ich mich aufrichten und trainieren, zu neuer Größe emporwachsen, über mich selbst hinaus.

Da nahm ich ihn kurz entschlossen mit nach Südafrika, auf die Ferienmesse. Ich wollte ihn meinen Geschäftspartnern vorstellen und plante, ihm eventuell die Leitung der gesamten Firma zu übergeben. Ich selbst wollte für einen anderen Dienstgeber arbeiten, um das nötige Geld für die Sanierung meines eigenen Büros zu erwirtschaften und um meine Schulden zu zahlen. Das war die Version, die ich mir selbst eingestehen wollte. Doch Versionen gab es viele. Alle standen unter falschen Prämissen, alle waren gleichermaßen paradox.

Die Idee, ein wirkliches Verhältnis mit ihm zu beginnen, wurde ursprünglich aus dem Lächeln des Kindermädchens geboren.

„Er fährt mit mir nach Südafrika. Aber sag nichts meinem Mann," sagte ich. Die rasche Wendung ihres Kopfes. Ihr vielsagendes Grinsen. Oh ja, so könnte es natürlich auch sein! Ich hatte nur nicht selbst daran gedacht. Nicht zu diesem Zeitpunkt. Und es war auch nicht so. In Südafrika hatten wir zwei jede Menge Spaß miteinander. Abends im Restaurant oder in der

Bar lächelte man uns liebevoll, scheinbar wissend, zu. Unser Einverständnis erzeugte eine erotische Spannung. Sie lag in der Luft für jedermann zu fassen und nachzuempfinden. Nur nicht für uns selbst. Ob wir wohl das Buch „I dreamed of Africa“ kennen würden? Nein? Das müssten wir unbedingt lesen. Wir zwei!

All die Jahre hätte ich nie gedacht, dass er es sein könnte. Jedoch nun war alles anders geworden zwischen uns. Ich hatte mich in ihm erkannt. Mein ganzes Leben hatte ich seitdem vor ihn hingeworfen wie ein gläsernes Buch. Es zerbrach unter seinen Augen. Mein ganzes Leben. Hingestreut zerfiel es in einzelne Seiten. Die Details sprossen wie wilde Wiesenblumen vor unseren Füßen. Ich tänzelte zwischen ihnen auf und ab, links und rechts, vorwärts und rückwärts, vorsichtig, um sie nicht zu zertreten - und zertrampelte sie doch. Tänzelnd bückte ich mich vor seinen Augen, die mich behüteten, die mich beschützten. Da brach ich eine Blüte um die andere und hob sie behutsam auf. Dann betrachteten wir sie gemeinsam von allen Seiten. Ich begoss sie mit Worten. Wir besprachen sie. Dann legte ich sie ab, wie ein beschriebenes Blatt Papier. Ein jedes Blatt in die entsprechende Schublade.

Auch er öffnete und verschloss sich wieder, ganz nach Belieben. Ich kämpfte einen naiven, teils peinlichen Kampf um ihn, einen verzweifelten Kampf auf meiner Suche nach mir selbst, auf meiner Suche nach dem Glück, auf meiner Suche nach Afrika. Manchmal dachte ich: Wenn es nur einmal wäre! Ich könnte ihn sicher damit für mich gewinnen. Dann würde er mich bestimmt in seinen Freundeskreis einführen. Einmal nur wollte ich diese Chance bekommen. Einmal nur und dann sterben, dachte ich manchmal, wenn dieses Gefühl in mir wieder so übermächtig wurde. Bloß ein einziges Mal. Und dann stellte ich mir in meiner Fantasie vor, wie es sein würde. Würde ich ein Drehbuch dazu brauchen oder würde es spontan geschehen? Es war ein Spiel, ein ernstes Spiel. Aus Ernst war Spiel und Spiel war zu Ernst geworden. Und doch nur ein Spiel. Immer nur Spiel.

Ich erdrückte ihn fast in meiner Umarmung, verbiss mich in seinem warmen Fleisch. Die Tränen meiner Lust strömten tausendfach. Ich ließ ihn tanzen zu den erstickten Schreien, die sich meiner Kehle entrangen. Die Luft hing voll der Klänge und Farben. Sein heißer Atem legte sich sanft um meine Schulter. Suchender Lippen schmerzliches Finden! Und dann und dann - brausende Wellen. Wellen, als ob tausende Äderchen in meinem Gehirn gleichzeitig platzten. Mit geschlossenen Augen sah ich die Sonne aufgehen - aufgehen - aufgehen - auf- ... und wusste, ich wollte es nicht tun. Mein Gott, ich habe, ... ich wollte unsere Freundschaft nicht zerstören!

Nach unserer gemeinsamen Südafrikareise, hatte ich ihn nach Österreich zurückgeschickt, während ich nach Mosambik weiterflog. Als meine Gedanken zurückschweiften, vermeinte ich sogar das Motorengeräusch zu hören, so gegenwärtig war nun alles wieder, selbst das Gefühl: ich komme heim. Wie damals, als die Maschine der Metavia Airline sich von Durban, Südafrika, kommend schon ihrem Bestimmungsort Maputo näherte. Die Gebirgszüge der Drakensberge und des Swasilands waren bereits überwunden. Man konnte Flüsse, Straßen, jeden einzelnen Baum und winzige Häuser genau erkennen. Das Wetter war herrlich. Keine Wolken verdeckten die Sicht. Der Himmel leuchtete in allen Regenbogenfarben. Als die Maschine zur Landung ansetzte, sah man von Weitem schon das Meer.

In mir war nun wieder die Zeit meiner Jugend erwacht, die Zeit im „Komitee Südliches Afrika“, welches die Unabhängigkeitsbestrebungen der afrikanischen Kolonien unterstützt hatte. Einst hatten die Portugiesen schimpfend und fluchend das Land im totalen Chaos zurücklassen müssen. Die Jahre danach, die Jahre der Finsternis jedoch, in denen Mosambik von Bürgerkrieg und den diversen Einmischungen von außen erschüttert und zerstört worden war, hatten der schönen Stadt Laurenço Marques und dem ganzen Land einen schweren Schlag versetzt. Vor allem aber seinen Menschen. Erschlagen, erstickt und verhungert, lebendig verbrannt, ertränkt, exekutiert mit Äxten und Messern. Männern waren die Hoden abgeschnitten, bei lebendigem Leib die Augen herausgerissen worden. Frauen waren vergewaltigt und auf grausame Weise getötet worden. Viele waren seither spurlos verschwunden geblieben. Wer nicht als Kind schon entführt worden und als Kindersoldat zum Einsatz gekommen war, war vielleicht auf eine Landmine getreten und hatte ein Bein verloren. Und die schweigende Mehrheit hatte zugesehen.

Der unerbittliche siebzehnjährige Kampf war vorüber. Maputo, das ehemalige Laurenço Marques, hatte sich wieder aus der Asche erhoben. Die Gewehre waren seither verschwunden, Straßen waren repariert worden, Hotels wiederaufgebaut. Die Restaurants, Salões und Nightclubs, wo Samba und Salsa getanzt werden, scheuen heute keinen Vergleich mehr mit Rio de Janeiro.

„Maputo ist eine mondäne Großstadt, der es schließlich gelungen ist, die freundliche und angenehme Atmosphäre von früher wieder aufleben zu lassen und dort anzuknüpfen, wo sie 1975 notgedrungen hatte aufhören müssen", hatte ich in einer Broschüre während des Fluges gelesen.

Die beste und bequemste Möglichkeit, der pulsierenden Metropole mit ihrem facettenreichen Ambiente, ihren lila Palisander- und rosaroten Akazienalleen, ihren Hochhäusern und luxuriösen Hotels, deren Personal allerdings noch von einer fast rührenden Unbeholfenheit ist, den schummrigen Bars und Salões der Feira Popular, den Villenvierteln und Slums, ihren staubigen, löchrigen Straßen und breiten Avenidas zu entgehen und ein paar Tage in die Einsamkeit einer der wunderschönen dem Mutterland vorgelagerten Inseln zu entfliehen, ist wohl die, mit einer siebzehnsitzigen 3D-NVC der Sabinair auf die Insel Inhaca zu fliegen. Und genau das hatte ich damals getan. Nur wenige Flugminuten genügten, um in eine völlig andere Welt vorzudringen.

Kaum angekommen, vertauscht man auch schon am besten die eleganten Klamotten, mit denen man sich am Vortag noch in einer der Bars zu heißen Sambarhythmen bewegt hat, gegen den Badeanzug. Und spätestens, wenn man in einem offenen Jeep durch Mangrovensümpfe holpert, vorbei an Masala, Kokosnusspalmen, an denen zum Bersten üppige Früchte baumeln, vorbei an Bananenstauden, Farnen, gelb und rot blühenden Kakteen, mit Vogelgezwitscher als Background-Musik, dann weiß man, dass die Zeit hier stehengeblieben ist.

Auf dem Weg zu einem der goldgelben, menschenleeren Sandstrände bekommt man zusehends Gesellschaft von Kindern, die auf den an den spärlichen strohgedeckten Siedlungen vorbeifahrenden Jeep aufspringen und dann wie Trauben daran hängen bleiben.

Am Strand angekommen, suchte ich mir einen Platz in einer der einsamen Buchten, zwischen Korallengestein, das mit Schnecken und Muscheln gespickt war, und verlor mich im Rauschen der heranbrausenden Wellen, dem mehrstimmigen Vogelgesang und dem geschäftigen Treiben der Krebse, die den in der heißen Sonne gleißenden Sand bevölkerten, jedoch bei der leisesten Bewegung schnell in ihre Löcher huschten.

Gleich vor den Toren des Inhaca-Hotels, welches zur portugiesischen Pestana-Hotelkette gehört, beginnt das wirkliche Afrika. Shangana-Frauen, die auf dem Boden kauernd Gemüse und Früchte feilbieten. Strohgedeckte Bambushütten ohne elektrisches Licht. Die kleinen Bars, aus denen nach Einbruch der

Dunkelheit Kerzenlicht flackert, werden abends von den einheimischen Männern frequentiert, die sich tagsüber dem Fischfang widmen, während ihre Frauen die Mashamba, ihre Felder, bestellen. Aus Lautsprecherboxen heult südafrikanische Musik in der Zulusprache von Steve Kekana. Manche Bars gehören Südafrikanern und man wird das Gefühl nicht los, dass ehe noch die Früchte der Auferstehung Mosambiks von der einheimischen Bevölkerung geerntet werden können, der Ausverkauf des Landes an Südafrika und jetzt wieder in verstärktem Maße zurückkehrende Portugiesen schon begonnen hat, ja bereits voll im Gange ist.

Ich begab mich auf eine Rundfahrt mit dem sogenannten Inseltraktor, einem Traktor mit Anhänger, der auf dieser Insel als Transportmittel Verwendung findet. Bald schmerzte mich der Rücken ein wenig von dem Geholper, und aus Unachtsamkeit beim Filmen schlug mir im Vorbeifahren ein Ast gegen den Kopf und beraubte mich beinahe meiner Sinne. Doch bald darauf hatte mich die Robinson-Idylle wieder in ihren Bann gezogen. An einem menschenleeren Sandstrand, als Musikuntermalung die rauschende Brandung, als Kulisse rot knospende und in kräftigem Zitronengelb blühende Kakteen, lila Blumen mit bunten Schmetterlingen darauf und einem eiskalten „Castle“, einem südafrikanischen Bier, als Reiseproviant sind selbst blutende Wunden schnell wieder vergessen. Und wer dann noch der Paarung blau schillernder Libellen eine gewisse Erotik nicht absprechen kann, wird hier voll auf seine Rechnung kommen.

Bei der Rückfahrt nach Maputo mit dem Speedboat, nach einem unvergesslich blutroten Sonnenuntergang auf hoher See, wird man wieder von der pulsierenden Metropole in die Arme geschlossen. Noch völlig benommen vom Brausen des Meeres und von der Berg- und Talfahrt des Bootes auf den hohen Wellen, taucht man ein in ein Meer von Lichtern und lässt die Schallwellen der lauten Musik, die aus den Salões und Bars dringt, über sich zusammenschlagen.

Doch ich wollte dem Trubel nochmals entfliehen und buchte vor Ort einen Flug zum Bazaruto-Archipel, der 1971 zum Nationalpark erklärt worden war. Nun spielte Geld plötzlich keine Rolle mehr für mich und ich gönnte mir den Luxus, mit einer fünfsitzigen Chartermaschine der Sabinair von Maputo aus zu einem etwa zweistündigen Flug nach Bazaruto aufzubrechen. Schließlich hatte ich ja noch meine Kreditkarte. Dieser Flug glich eher einer Ballonfahrt, so nahe waren die strohgedeckten

Rundhütten, die quadratischen Mashamba und die schnurgeraden Straßen, die sich zielstrebig ihren Weg durch den Urwald schnitten. Hie und da schlugen zwischen den Palmen plötzlich Feuerzungen hoch. Die Brandrodung ist in Mosambik noch weit verbreitet. Die Rauchschwaden hingen schwer über der verbrannten Erde und selbst bereits erloschene Feuer hinterließen noch ihre deutlich und weithin sichtbaren Spuren in Form von Rauchfahnen, die sich vom Wind kilometerweit ins Landesinnere weitertreiben ließen.

Je mehr wir uns dem Bazaruto-Archipel näherten und die kleine Chartermaschine in geringer Flughöhe über dem türkisfarbenen Ozean dahinglitt, desto öfter war ich versucht, vor Verzückung den Atem anzuhalten. Kristallklar war die See, die dunklen Flecken waren Korallenriffe, in Schichten verschiedenster Farbnuancen zerfallende Kegel, von dunkelblau über türkis bis zartmint. Wie eine lebensgroße Landkarte, so unwirklich, zum Greifen nahe und dann doch auch wieder märchenhaft fern. Plötzlich ragten aus dem Meer strahlend weiße Sanddünen empor. Sie sahen aus wie Schneeverwehungen. Zunächst nur einzelne weiße Kegel, einsam umspült vom türkisfarbenen Salzwasser, dann sandgeborene Landzungen als Ausläufer der Inseln, die großteils aus mit

Dünenwäldern bewachsenem Sand bestanden. Unwirklich muteten auch die kreisrunden Seen von Bazaruto an, die eher aussahen wie überdimensionale Swimmingpools, als wären sie von Menschenhand in die Landschaft implantiert worden. An ihnen glitten wir in geringer Flughöhe vorüber, ehe unsere Maschine auf dem weichen, sandigen Boden aufsetzte.

Den Tag verbrachte man hier mit Schnorcheln, Tauchen und Hochsee fischen, mit ausgedehnten Spaziergängen an kilometerlangen, peinlich sauberen, einsamen Sandstränden oder auf einer Inselkreuzfahrt. Nun war mir die Realität endgültig entglitten und die Romantik dieser Insel eröffnete mir neue Perspektiven von Freiheit in einer Welt, in der Luxus nicht mehr und nicht weniger bedeutete, als saubere Betten, täglich frische Handtücher, funktionierende WC-Spülungen, warme Duschen, sogar Trinkwasser aus der Wasserleitung und ein fantastisches von afrikanischen Rhythmen eingeleitetes Abendbuffet an einer blütengeschmückten Tafel.

Hier störte kein Fernseher oder schrilles Telefonläuten die Ruhe und Besinnlichkeit, weil die Kommunikation mit der Außenwelt nur mehr via Radiofunk funktionierte.

Und spätestens, als ich mich beim Inselhopping an Deck des Bootes in der Sonne aalte und vor meinem geistigen Auge nochmals die Erlebnisse in dieser äußerst sensiblen und immens reichen Unterwasserwelt, der ich eben erst entstiegen war, vorbeiziehen ließ, die Gischt mir ins sonnengebräunte Gesicht spritzte und sich gleichzeitig ein riesiger Regenbogen von der Wasseroberfläche erhob, um einen großen, weithin schillernden Bogen am Firmament zu beschreiben, dachte ich, dass ich eines Tages an diesen Ort zurückkehren würde. Irgendwann. Aber ganz bestimmt.

Kurz nach meiner Heimkehr, ich war gerade im Büro, kam plötzlich ein Anruf aus Südafrika. Es war ein Geschäftspartner aus Johannesburg. Da ich mit ihm kürzlich über meine Pläne nach Südafrika auszuwandern gesprochen hatte, machte er mir das Angebot, auf seinem Safari-Zug als Managerin zu arbeiten. Das war nun kein Traum mehr! Das war die Realität! War das nicht, was ich immer gewollt hatte? Wollte ich nicht immer in Afrika leben und dort arbeiten wie eine Einheimische? Vielleicht könnte ich permanent nach Südafrika auswandern! Wie idyllisch würde das doch sein! Mein Mitarbeiter würde sich schon ums Büro kümmern. Die Kinder wurden ohnedies bestens von unserem Kindermädchen betreut. Und eines

Tages, wenn ich mich in Südafrika etabliert hätte, würde ich sie zu mir holen, dachte ich. Ohne lange zu überlegen, ohne Rücksprache mit meinem Mann, nahm ich das Angebot an. Nur wenige Tage danach saß ich wieder im Flugzeug und war in Richtung Johannesburg unterwegs.

„Tshotsholoza iyehe, tshotsholoza iyehe - heh Zug, schlängel dich, schlängel dich - kulezo mtaba - über diese Berge - stimela siphum' e-Zimbabwe - bahne dir deinen Weg aus Simbabwe heraus. Wen' uyabaleka, wen' uyabaleka - laufe weiter, immer weiter - kulezo mtaba stimela siphum' eZimbabwe - über diese Berge bahne dir deinen Weg heraus aus Simbabwe."

Das waren die Klänge, mit denen die Touristen und auch ich selbst beim Boarden des Zuges begrüßt worden waren. Der Zug, ein rollendes Hotel, schlängelte sich wie ein Shongololo, ein Tausendfüßer, von Johannesburg nach Kapstadt die Küste entlang. Siebzehn Tage lang. Und dann wieder zurück. „Shongololo" war auch der Name des Zuges. Die ganze Zeit über sah ich den Zug nur von innen. An Bord waren hundert Touristen aus aller Welt, fünfundzwanzig Arbeiter, weiße und schwarze, Reiseleiter, Küchen-, Reinigungspersonal und Handwerker. Die Arbeitszeit dauerte täglich von sechs Uhr früh bis dreiundzwanzig Uhr. Idyllisch? Die neue Managerin löste passive Aggression beim Personal aus, welche normalerweise mit Gehaltsabzügen bestraft wurde. Nein, ich wollte den feinen Unterschied machen und bei der Mitarbeiterbesprechung hielt ich eine kleine Ansprache:

„He, Leute, ihr wollt doch nicht etwa am Ende der Tour ohne Geld zu euren Familien heimkommen? Wir sitzen ja alle im selben Zug. Wir wollen doch alle zusammenarbeiten, damit wir eine gute Zeit hier miteinander verbringen! Oder? Die Touristen sollen nur Gutes sagen können von unserem schönen Land! Dann werden sie ihre Freunde auch herschicken und das heißt: mehr Touren und mehr Geld für uns alle! Wenn alles klappt, gibt es keine strafweisen Abzüge von eurem Gehalt mehr. Das verspreche ich euch!"

Das leuchtete ein. Und so war es auch. Ich packte mit an, wo ich nur konnte, half abends an der Bar aus und morgens beim Frühstück, kontrollierte die Schlafabteile nach der Reinigung und gab ihnen den nötigen Feinschliff. Abends lud ich die Arbeiter auf einen Drink an der Bar ein. Auf diese Kumpels war Verlass! Meine hohen Stöckel klapperten auf dem Tanzboden des Bar-Waggons zum Rhythmus des sich in Bewegung setzenden Zuges.

Gleichmäßig ratterten die Räder und schaukelten uns in den Schlaf, während sich der Zug über Nacht langsam unserem nächsten Ziel näherte, welches jeweils in den Morgenstunden erreicht wurde.

Doch dann kam die letzte Nacht. Die Buchhaltung war getan. Meine Dienstgeber waren mit mir zufrieden. Nach der Winterpause, die in Südafrika im August endet, sollte ich wieder für weitere vier Monate an Bord des Zuges sein. Der Gehaltsscheck wurde von mir entgegengenommen, eine letzte Party im Bar-Waggon veranstaltet und dann verabschiedete ich mich von allen:

„Bis bald! Seh euch im September wieder! Wie werde ich doch das Rattern der Räder beim Schlafen vermissen!"

High five hier und High five dort. Und dann noch einmal High five! Mein Gehalt hatte ich auf eine südafrikanische Bank gelegt, dann war ich heimgeflogen und war nie mehr nach Südafrika zurückgekehrt.

Nun saß ich wieder in meinem Büro in Österreich. Die Tage verstrichen, die Kosten stiegen, die Kunden blieben aus. Vor zehn Monaten erst hatten wir gemeinsam die Wände des Geschäftslokales liebevoll gestrichen, voller Hoffnung auf einen guten Neubeginn. Doch jetzt schien alles verloren. Ich sitze hier auf den Trümmern meiner Hoffnung, unserer Hoffnung und schwanke zwischen hysterischem Gelächter und herzzerreißendem Schluchzen, zwischen Die-Ganze-Nacht-Durchtanzen und Pulsadern-Aufschneiden. Noch kann ich es mir nicht vorstellen, meinen Angestellten nicht mehr jeden Tag zu sehen, und doch muss ich ihn fortschicken. Ich kann ihn nicht mehr bezahlen. Er muss seinen eigenen Weg gehen, seine Karriere machen. Vielleicht seine Karriere machen. Hoffentlich.

Mein Mann jedoch hatte mich nun endgültig im Stich gelassen, allein mit all meinen Sorgen. War es ihm zu verdenken? Da war keine Kommunikation mehr möglich. Er hatte mich fallen lassen wie einen heißen Stein. Zu weit hatten wir uns voneinander bereits entfernt. Was hatte ich ihm wohl all die Jahre über bedeutet? Hatte er mich je als Person begriffen? Eine Arbeitskraft, eine Gebärmaschine, eine Vagina, das war ich für ihn gewesen. Keine Fut. Nein! Das würde ja eine gewisse Geilheit suggerieren. Auch keine Muschi. Denn dies würde eventuell fälschlicherweise sogar Zärtlichkeit vermuten lassen, die seiner Emotionslosigkeit fremd war. Nein! Schlicht und einfach eine Vagina war ich ihm gewesen. Ansehen verboten! Anfassen verboten! Küssen verboten! Einzig und allein die

Funktion der Bedürfnisbefriedigung und der Befruchtung erfüllend. Natürlich gab es da auch noch die vielen Einflüsterer, die in solchen Situationen nie fehlen:

„Was? Dass ihr noch etwas miteinander habt, das hätte ich mir nicht gedacht! So wie ihr immer streitet?"

Und ich beschloss, meine Funktion einzustellen. Unser Bett, das hatte nun einen tiefen Riss. Ja, so empfand ich es. Es war da eine unsichtbare, unüberwindbare Kluft zwischen unseren beiden Seiten des Ehebettes. Jetzt erst war die Sicht geöffnet bis auf den Grund. Doch noch wusste ich nicht, wie ich es deuten sollte. War es Gewinn? War es Verlust?

Es war schon wieder Abend geworden. Die tolle, Profit bringende Reisebuchung war ebenso ausgeblieben wie all die Tage davor. Zusätzlich hatten mich einige Kunden auch noch finanziell geschädigt, indem sie eine Reise buchten, eine kleine Anzahlung leisteten, aber mir den Rest schuldig blieben, da sie die Reiseunterlagen nie abholten. Auch solche Risiken musste man als Unternehmer tragen. Verbittert machte ich Feierabend und sperrte das Geschäftslokal ab.

An einem Samstag hatte ich meine Freundin mit ihren Eltern zum Grillen ins Haus eingeladen. Es war mein Geburtstag gewesen und am Vortag hatte ich auf meinem Bett ein Buch vorgefunden, ein Geburtstagsgeschenk meines Mannes. „Beruflich Profi – Privat Laie“ war der Titel. Hatte er mich damit nicht noch maßlos überschätzt? Ich war nicht nur Laie auf allen Ebenen, sondern ein absoluter Dilettant.

„Jetzt hast du es geschafft“, sagte die Mutter meiner Freundin zu mir, als sie das Haus und den Garten sah.

Ja, ich hatte es geschafft. Ich hatte es geschafft, eine Zeit lang das Ekelgefühl, das mich jedes Mal überkam, wenn sich mein Wagen unserem Haus näherte, zu unterdrücken. Ich hatte es geschafft, eine Zeit lang zu meinem Mann eine rein körperliche Beziehung aufrecht zu halten. Ja, ich hatte mich sogar richtig in diese sexuelle Beziehung hineingesteigert und gerade und speziell zu dieser Zeit das körperliche Zusammensein mit ihm sehr intensiv genossen, was paradox klingen mag und ihm auch mit stiller Verwunderung aufgefallen war. Wir hatten es eine Zeit lang beide intensiv genossen ohne Hingabe, ohne Zuwendung, ohne Aufeinander-Eingehen, jeder auf sich selbst konzentriert wie eine Maschine, wie ein Roboter, auf die eigene Lust und Befriedigung hinsteuernd, wie darauf programmiert, als wäre der andere ein Gegenstand, ein Objekt zur Selbstbefriedigung.

Ich hatte es geschafft, mich in meinem eigenen Haus von jeglicher Hausarbeit fernzuhalten. Ich hatte es geschafft, mich von unserem Kindermädchen gegen nervendes Kindergeschrei abschirmen zu lassen. Ich hatte es geschafft, mich mit dem Gedanken anzufreunden, dass die Kinder im Falle einer Trennung, in Anbetracht meiner finanziellen Lage, wohl vorläufig bei ihm bleiben würden. Und es war mir so halbwegs gelungen, mich in dieser Zeit von meinen Kindern gewissermaßen zu distanzieren, zum Selbstschutz. Ich fühlte mich auch von ihrer Zuneigung zeitweise ein wenig überfordert und sehr häufig von ihrer Unfolgsamkeit.

„Der Papa ist der größte Zauberer ... ich bin ein Nichts ... ich bin dumm ... der Papa ist gescheit", hörte ich bereits von Weitem die Stimme meines Sohnes, als ich das Haus betrat. Ein Ritual, das sie mit ihrem Vater in letzter Zeit immer spielen mussten, um sich damit Süßigkeiten zu verdienen. Gleich darauf stürmten die Kinder aus dem Zimmer und rannten an mir vorbei, als ob ich nicht existierte, in die Küche, um die Naschereien zu verzehren.

Da fielen mir Szenen aus Nigeria wieder ein. Auch seine Neffen hatte er manchmal vor sich niederknien lassen, um sie zu demütigen. Er hatte sie auf den Kopf geschlagen und ihnen befohlen, seine Schuhe zu putzen oder sein Sakko zu bügeln. Die Kinder hatten zwar getan, wie ihnen befohlen worden war, aber wenn sie sich umdrehten, sah man manchmal ein verbissenes Lachen um ihre Lippen spielen. Er hatte geglaubt, ein großer Mann zu sein. Ein lächerlicher Clown war er geworden. Die Zeiten hatten sich geändert, seit er weggegangen war. Die Kolonialzeit trug er wie ein Brandmal an sich, doch er merkte es nicht. Seine Familienmitglieder mussten ihn mit „Doc“ ansprechen, seine Neffen sagten „Sir“ zu ihm. Oft waren Verwandte und Bekannte seiner Familie gekommen, um ihn um Geld zu bitten.

„Was hast du uns eigentlich mitgebracht, Doc?“

„Bist du denn mit leeren Händen aus Europa gekommen, Doc?“

„Gib uns Geld!“

Doch ihre Hände waren leer geblieben.

Wir mussten weiterhin abwechselnd bei unseren Freunden und seiner Schwester wohnen. Mein Mann hatte sich eingebildet, dass ihm das Spital, für welches er arbeitete, ein Haus zur Verfügung stellen müsse, ein Haus mit Dienstpersonal, Gewehren und Selbstauslösern zum Schutz. Er hatte nicht einsehen wollen, dass er zur falschen Ethnie gehörte und die falsche Religion hatte. Er hatte den Anschluss zur Gegenwart einfach nicht gefunden, sondern lebte in seiner Fantasie noch immer in der Vergangenheit. Damals, zur Zeit seiner Großeltern und Eltern, zur Zeit seiner Jugend, waren die christlichen Igbos, zu welchem Stamm er gehörte, in den islamischen Norden auf Staatsposten geschickt worden, wo sie den Briten kleine Beamte und Angestellte in der Verwaltung stellten. Die Zeit des Biafra-Krieges hatte alles verändert. Diese Veränderungen hatte er in Europa verschlafen, doch sein Nigeria lebte in seiner Fantasie weiter als ein idealisiertes Fossil.

„Wo sind nur die Briten!“, stöhnten auch manchmal unsere Gastgeber so vor sich hin, denn mit der Politik des Präsidenten Ibrahim Babangida und seiner korrupten Militärregierung, die Menschenrechte verachtete, die Inflation nun wieder vorantrieb und schließlich zu Aufständen führte, waren auch sie gar nicht einverstanden. Ich konnte diesen Seufzer jedoch nicht ganz verstehen, nachdem mir die folgende Geschichte erzählt worden war:

Es gab da einmal eine weiße Familie, deren schwarzer Hausgehilfe eines Tages zu spät zum Dienst kam, da er an jenem Tag Vater geworden war. Da sagte ihm sein Dienstgeber, er möge doch sein neugeborenes Baby holen, was der stolze Vater auch sogleich tat. Es war sein erstgeborener Sohn.

Doch als er das Kind ihnen übergeben hatte, legten sie es ihrem Hund zum Fraße vor.

Der Dienstbote ging wieder an die Arbeit und verkroch sich in sein Leid. Als er am Abend heimkam, gestand er es seiner Frau, legte die Arme um ihren geschwächten Körper und sagte:

„Er war noch keine zwei Jahre alt. Er hatte noch keinen Namen und somit auch noch keine Seele."

Da weinte die Frau um ihr Baby und all die namenlosen Kinder, die noch vor ihrem zweiten Geburtstag vom Schicksal und von Krankheit dahingerafft werden. 2 Jahre, das ist in Afrika so eine magische Grenze. Nach 2 Jahren konnte man annehmen, dass ein Kind überleben würde.

Schließlich wankte sie kopflos aus der Hütte hinaus, wo alte Autoreifen und löchrige Eimer den Stacheldrahtzaun schmückten.

Sie schnäuzte sich kräftig mit ihrer linken Hand und trocknete ihre Tränen mit ihrem Gewand. Sie sah den ihr zugekehrten Rücken ihres Mannes und sein hasserfülltes Beben. Sie wusste, es war ein vergeblicher Kampf. Deshalb legte sie ihm ihre Arme um die Schultern, um ihn zurückzuhalten und ihn zu schützen.

„Afam", sagte sie laut, „er heißt Afamefuna, Der-Name-soll-nicht-verlorengehen."

Als sie gemeinsam schweigend in die Hütte zurückgingen, war sie erleichtert, den Namenlosen benannt zu haben.

Der Chef meines Mannes war ein islamischer Haussa. Vor seiner Hütte stand ein Mercedes 1000, ein Wagen, den ich in Österreich noch nie gesehen hatte. Offensichtlich hatte er Geld. Es gab also keinen Grund, warum er oft Monate lang die Löhne nicht zahlte.

Mein Mann vereinbarte diverse Treffen mit seinem Chef, welcher ihn dann meist im Vorraum warten und schließlich ab und zu vorsprechen ließ, ihm Versprechen gab, die zu halten er nicht beabsichtigte, und ihn wieder und wieder vertröstete.

In der Zwischenzeit musste ich mit dem Baby im Auto sitzen bleiben, im heißen Auto, in der prallen Sonne. Das Baby hatte Durst. Es nässte die Windeln. Mir blieb nichts anderes über, als die nassen Windeln mit den Händen auszuwinden und zum Trocknen über die geöffnete Autotür zu hängen, um sie dann nach einigen Minuten wieder zu verwenden.

Im Spital fehlte es am Allernötigsten. Mein Mann war ein in Europa ausgebildeter Facharzt für Gynäkologie und Geburtshilfe, wo er gelernt hatte, die in Österreich verwendeten und vorhandenen Instrumente im richtigen Moment einzusetzen. Doch nun musste er feststellen, dass ihm sein ganzes Wissen nichts nützte, wenn die Instrumente und die Medikamente einfach nicht vorhanden waren. Was nützte es, wenn er wusste, dass ein Neugeborenes intubiert werden sollte, wenn kein Tubus vorhanden war? Was nützte es, wenn er eine Infektion diagnostizierte, wenn es keine Antibiotika dagegen gab? Gar so oft mussten er und seine Kollegen Babys und auch deren Müttern verzweifelt beim Sterben zusehen, weil sie mit leeren Händen dem Tod gegenüber völlig hilflos waren.

Nach eineinhalb Jahren hatte mein Mann noch immer keine Wohnung und schon gar kein Haus. Sein Gehalt wurde auch gar so manchen Monat einfach nicht ausbezahlt. Die Praxis war angeblich noch immer unbenützt und das blieb sie auch weiterhin. Falls aber doch ab und zu jemand dorthin kam, dann bloß, um meinen Mann um Geld zu bitten. Wenn wir mit dem weißen Mercedes auf den staubigen Straßen Kanos unterwegs waren, wo man nur im Schritttempo weiterkam, weil die Fußgänger sich mit den Autos die Straßen teilen, beschimpfte er die Menschen. „Heilige Kühe“, pflegte er sie zu nennen. Bettler wurden verhöhnt und verachtet und sollte es jemand wagen, unser Auto mit seinen „schmutzigen“

Händen zu berühren, so wurde er verscheucht wie ein lästiges Insekt. Eine strenge Hierarchie herrschte hier auf Kanos Straßen und diese wurde von meinem Mann ausgekostet.

Eines Tages hatte ich Briefe seiner Freundin im Handschuhfach des Autos gefunden, einer Frau, die er parallel zu mir in Österreich seit zehn Jahren gekannt hatte, wie aus den Briefen hervorging. Diese Frau hatte ebenso wie ich auf seine Aufforderung, nach Nigeria nachzukommen, gewartet. Doch da bestand ein großer Unterschied zwischen uns beiden. Ich hatte in meiner Naivität die Initiative ergriffen und war ihm auf eigene Faust, auch ohne seine Zustimmung und Einladung, in seine Heimat gefolgt. Sie hingegen hatte sich auf ein solches Abenteuer nicht eingelassen. Hätte er wohl jemals von sich aus eine von uns beiden nachgeholt?

Nachdem ich den ersten Schock überwunden hatte und wieder einen klaren Gedanken fassen konnte, hatte ich mein Kind nehmen und nach Österreich zurückfliegen wollen. Stattdessen jedoch hatte mich seine Familie dazu überredet, ihm zu verzeihen und mit ihm die Ehe zu schließen.

Sein „Bitte, vergib mir!“ und ein paar Tränen hatten mich überzeugt. Daraufhin hatten wir geheiratet. Wir hatten nicht einmal einen

Ehering, so schnell war alles gegangen.

Die Trauung hatte in Kano stattgefunden. Außer dem Standesbeamten vom Stamm der Haussa in der langen weißen Robe mit dem Turban auf dem Kopf waren nur wir beide, seine Schwester und ihr Mann anwesend. Es hatte keine Zeit gegeben, Gäste einzuladen. Es gab auch kein Hochzeitskleid, kein Hochzeitsessen, keine Feier, nur die Trauung selbst. Schnell, schnell. Schnell und heimlich. Es sollte auch niemand wissen, dass wir davor noch gar nicht verheiratet gewesen waren. Schnell einen kleinen Tagesausflug mit der Schwester und dem Schwager, den beiden Verbündeten in dieser Heimlichkeit. Wir nannten den Ausflug Hochzeitsreise.

„Oh, wie romantisch!“, hatte einmal eine meiner Freundinnen in Österreich diese Eheschließung zynisch kommentiert, als ich ihr Jahre danach davon erzählt hatte.

Nach unserer Hochzeit war ich schwer krank geworden. Ich musste das Bett hüten. Über meinen Fieberträumen vergaß ich gar so oft, die Medikamente einzunehmen. Manchmal nahm ich sie irrtümlich doppelt. Manchmal nahm ich sie absichtlich doppelt. Meist vergaß ich zu trinken und konnte sowieso vor Ekel nicht essen. Stundenlang lag ich im Bett herum ohne zu wissen, wie viel Zeit vergangen war. Nur ab und zu schrak ich aus meinem Dämmerschlaf auf, wenn der Muezzin die Gläubigen mit seinem „Allahu akbar! Allahu akbar!" zum Gebet rief.

Da flog die Türe auf. Der Wüstensand des Harmattan Windes wirbelte ins Zimmer. Wolken aus Sand tanzten in Spiralen und trübten den Blick. Ein schwarzer Mann in weißer Robe und einem weißen Turban stürzte zur offenen Tür herein, warf sich schattenhaft auf mich. Seine wallenden Gewänder bedeckten mein Gesicht. Ich konnte mich nicht mehr rühren, lag wie versteinert unter ihm, ließ die Vergewaltigung ohne Gewaltanwendung über mich ergehen, fühlte das Eindringen und wehrte mich nicht. Wogen heiß-kalter Schauer wallten auf. Dann war die Vision vorüber, hinterließ kein Gefühl der Machtlosigkeit, nur Verwunderung, keine Wunden, keine Spuren von Gewalt, nur das Brennen auf der nackten Haut und in der Lunge, Spuren von Sand auf dem Boden.

Wenn ich zum Fenster hinausblickte, sah ich die Menschen sich wie eine ekelerregende, breiige Masse über die Straßen ergießen. Überall stank es fürchterlich nach Abwässern und Abfall. Alle Menschen, mit denen ich mich unterhielt, schienen mir verrückt. Und dieser entsetzliche Ekel! Ein Ekel, ohne greifbare Ursache. Das war der Ekel an sich, der mich erfasst hatte. Das musste der Ekel an sich sein. Dann bekam ich heftige Kopfschmerzen und Leibkrämpfe. Meine Muskeln oder Nerven begannen wie wild zu zucken. Schüttelfrost ohne Kältegefühl. Ich war ausgeliefert. Ich musste es einfach über mich ergehen lassen, konnte es nicht beeinflussen, nicht verhindern. Wollte ich etwas sagen, begann ich wie eine Schwerst-Betrunkene zu lallen, da mir die Zunge wegen Dehydrierung am Gaumen anklebte.

Mein Mann, der Arzt, schien ob meines Zustandes nicht sehr besorgt zu sein. Ich fühlte mich gefangen, gekidnappt, vernachlässigt, ausgeliefert; ich glaubte, man wolle mich in Nigeria zurückhalten und nicht mehr nach Hause lassen. Sollte ich denn fern meiner Heimat verrecken?

Doch endlich ging es mir ein wenig besser und der Langstreckenflug war zu verantworten. Ich konnte also mit meinem Kind nach Österreich heimkehren. Noch einmal hatte mich meine Not zu meiner Botschaft geführt. Ich hatte kein Geld mehr für das Ticket meines Kindes.

Mein Baby hatte in Nigeria seinen zweiten Geburtstag gefeiert und daher war das ursprüngliche Retourticket verfallen. Doch auch diesmal half mir meine diplomatische Vertretung nicht. Meine Mutter musste das Geld für mich in Wien beim Außenamt hinterlegen, denn die Botschaft in Lagos hätte mir keine Geldaushilfe für unseren Rückflug zur Verfügung gestellt. Meinen Ehemann musste ich vorläufig in Nigeria zurücklassen. Ich schaffte es gerade noch mit Müh und Not, den langen Flug zu überstehen, und dann wurde ich gleich vom Flughafen aus gemeinsam mit meinem Kind mit der Rettung ins Spital gebracht, denn auch der Kleine hatte eine schlimme Darminfektion.

Drei Monate später kehrte mein Mann ebenfalls nach Wien zurück, seine gesamte Habe in Nigeria zurücklassend. Das Geld für den Rücktransport hatte er nicht mehr aufbringen können. Seine Familie mochte sich wohl gierig über diese Verlassenschaft hergemacht haben, die kostbaren Stücke des Vermächtnisses in Fetzen reißend und sich gegenseitig dabei zerfleischend.

Ich ging in mein Zimmer. In unserem Haus war es nun ruhig. Alle waren schlafen gegangen. Lange kramte ich in meiner Schreibtischlade, bevor ich den richtigen Reisebericht fand. Dies war eine Gruppenreise für Reiseveranstalter gewesen, eine Einladung nach Simbabwe. Und ich erinnerte mich auch sehr gut an das Gefühl, das ich auf dieser Reise das erste Mal seit Langem wieder, nach einer Periode der Isolation und Abgeschlossenheit in der Familie, in mir entdeckt hatte. Ich hatte damals das Gefühl gehabt, endlich den Anschluss an die Gesellschaft, der ich angehörte, wiedergefunden zu haben. Dieses Gefühl von Heimat unter Gleichgesinnten mit gleichen Grundbegriffen.

Von meinem Hotelzimmer aus habe ich einen wunderschönen Ausblick auf Harare. Eine moderne Großstadt. Reges Leben. Viel Verkehr. Und zwischen den Autos und dem Menschengewirr viele grüne Alleen, Palisanderbäume. Doch um diese Jahreszeit stehen sie nur in sattem Grün da und blühen nicht. Ich schloss die Augen. Nun sah ich vor meinem geistigen Auge das Stadtbild wieder. Doch diesmal standen all die Palisander-Alleen in voller Blüte und verliehen mit ihrem kräftigen Lila und ihrem zarten Duft der Stadt ein märchenhaftes Flair. Die Ausstellung fand in den Boka Tobacco Auction Floors statt. Schön dekorierte Stände. Liebevolles Design. Liebenswerte, freundliche Menschen. Manches war schlecht organisiert, wurde aber leicht verziehen, weil sich die Organisatoren doch so viel Mühe gegeben hatten.

Abends bei der Cocktail-Party im Holiday Inn Crown Plaza hätte ich fast einen Ehemann gefunden, wenn ich nicht schon einen gehabt hätte. Er stellte sich mir als Journalist vor, war aber hauptberuflich Direktor irgendeiner Textilfirma. Spaßeshalber verlangte er von mir, ihm zu bestätigen, dass ich eines Tages nach Simbabwe zurückkehren würde, um Sein zu werden. Dieses vor Zeugen gegebene Versprechen sollte ich dann mit einem innigen Kuss besiegeln. Meine nüchterne Antwort, mit der ich wieder einmal für Unterhaltung sorgte, war, eine Afrikanerin würde ihm in einer solchen Situation einfach ihre Visitenkarte reichen und sagen, er solle ihr doch Kopien seiner Diplome und einen aktuellen Auszug seines Bankkontos in ihr Büro durchfaxen. Sie werde dann prüfen, ob er konkurrenzfähig sei. Damit hatte ich wohl den Nagel auf den Kopf getroffen, denn mit diesen wenigen Worten war – gemäß dem Klischee - die Mentalität der Frau umrissen, die der heutigen afrikanischen Bildungsschicht angehörte.

Am darauffolgenden Tag erfolgte die offizielle Eröffnung der Messe durch Präsident Mugabe. Ich hatte ein etwas mulmiges Gefühl, da ich einige Tage vor meiner Abreise aus Österreich von Unruhen in Harare gehört hatte. Man konnte schließlich nicht ausschließen, dass solch öffentliche Auftritte des Präsidenten von oppositionellen Gruppen als willkommene Gelegenheit zu einem Anschlag benutzt werden. Beim Betreten der Halle jedoch war mir klar, dass man sich hier auf keinen Ernstfall vorbereitete. Es gab so gut wie keine Sicherheitskontrollen, nur einige wenige bewaffnete Sicherheitsbeamte hatten Stellung bezogen.

Ich mischte mich einfach mit gezückter Videokamera unter die Journalisten. Niemand stellte mir Fragen. Nach längerem Warten kam plötzlich Bewegung in die Gruppe, der ich mich angeschlossen hatte. Mugabe war bei einem Eingang direkt hinter uns hereingehuscht, also jedenfalls nicht dort, von wo wir ihn erwartet hatten. Ich konnte mit den geübten großen, starken Männern, die ihre hoch technisierten Kameras professionell auf die Schultern geschwungen hatten, nicht mithalten, also beschloss ich, geduldig zu warten, bis der Präsident auf seiner Runde durch die Messestände von der anderen Seite der Halle wieder aus der Menge auftauchen musste. Ich rechnete mir auch bessere Chancen aus, wenn die Journalisten von Presse und Fernsehen bereits die ersten Ermüdungserscheinungen von der wilden Verfolgungsjagd mit den schweren Kameras auf ihren Schultern zu spüren bekämen. Und so war es denn auch.

Mit einem Schlag war in meinem Innersten wieder diese Zeit lebendig geworden, die Zeit der afrikanischen Unabhängigkeitsbestrebungen, die Guerillakämpfer, diese Hoffnungen und Sehnsüchte nach Veränderung. Diese Jahre waren auch bei mir von einer Suche nach Identität gekennzeichnet gewesen, einer Suche nach dem Sinn des Lebens, nach dem rechten Weg zum richtigen Ziel. Niemals hatte ich mich jedoch entschließen können, mich ausschließlich für eine politische Richtung oder für eine bestimmte Religion zu entscheiden. Eine bessere Welt! Die perfekte Gesellschaft! Das war klar! Das war das Ziel. Doch wie war es zu erreichen? Christentum? Trotzkismus? Maoismus? Liberalismus? Anarchie? Immer war ich für alles offen und extrem begeisterungsfähig gewesen. Immer jedoch war ich eine Abseitsstehende geblieben. Nie hatte ich wirklich dazugehört. Zu sehr ausgeprägt waren mein Individualismus, meine Unabhängigkeit, mein Durst nach Freiheit. Freiheit des Geistes. Freiheit der Gefühle. Immer war ich Sympathisantin nur. Alles gleichzeitig. Immer alles gleichzeitig mit ganzem Herzen. Nie halbherzig. Nein, das nicht. Aber immer war ich bloß Sympathisantin geblieben.

Meine Hände zitterten vor Erregung. Und auf einmal sagte mir mein Gefühl, dass Mugabe jetzt gleich bei einem der Eckstände erscheinen werde. Ich stürzte hin, um mich plötzlich dem Präsidenten genau gegenüber wieder zu finden. Vor mir stand ein kleiner Mann, eine von einem gewissen Charisma umgebene Persönlichkeit. Er trug eine weiße Schirmkappe und eine Brille, die fast zu groß für sein Gesicht war. Nun schrieb er in ein Gästebuch mit einem so bescheidenen Gesichtsausdruck, dass man beinahe den Eindruck gewann, es sei eine Ehre für ihn, die Messe besuchen zu dürfen. Dann wurden die Journalisten, wie auch ich selbst, von den Wachen des Präsidenten mit einer Handbewegung einfach weitergescheucht.

Am darauffolgenden Morgen brachen wir von Harare auf und fuhren in Richtung Mutare los. Wir? Das war zunächst einmal Rala, unsere Reiseleiterin von der Zimbabwe Tourism Authority, die unsere Gastgeber waren. Fritz, der bei einem österreichischen Reiseveranstalter für die Afrikaproduktion verantwortlich war, aber auch jahrelang als Reiseleiter gearbeitet hatte. Immer dann, wenn es drohte, sehr heiß zu werden, zog er T-Shirt, Hemd und Jacke übereinander an, um sich unterwegs ständig unter Stöhnen den Schweiß von der Stirn wischen zu müssen. Susanne, die skurrile Marketingmanagerin einer deutschen Zeitschrift, welche während ihrer Studienzeit ein halbes Jahr in Kuba gelebt und mit Gemüse gehandelt hatte. Ivan, der Brite mit dem trockenen Humor, der als Reisekonsulent in Holland arbeitete, nachdem er in früheren Jahren kreuz und quer durch

Afrika getrampt war. Mike aus Holland, der sich bei O.A. Tours sein Geld verdiente und immer zu den unpassendsten Zeiten Durst und Hunger verspürte. Jack, ebenfalls aus Holland, der für einen Backpacker-Touroperator in der Gruppenabteilung tätig war und beharrlich sein eigenes Programm durchzog. Oft musste er deswegen kilometerweit in Sandalen zu Fuß gehen, um irgendwann und irgendwo doch wieder auf die Gruppe stoßen zu können. Es wunderte mich jedes Mal aufs Neue, dass er, wenn ich ihn schon verloren geglaubt hatte, zur vereinbarten Zeit an der vereinbarten Stelle am Straßenrand stand und einen Autostopper mimte, sobald er unseren Wagen von Weitem kommen sah. Jakob aus Bremen war seit einem Jahr gemeinsam mit seiner Frau in der Reisebranche selbstständig tätig, obwohl er, wie er wörtlich sagte, auch einen „richtigen Beruf" erlernt hatte. Auf die Frage, wie sein Geschäft denn laufe, meinte er, es sei damit wie mit einer alten Dampflok, die sich nur zögernd und pfauchend in Bewegung gesetzt hatte. Dann war da noch Heimo, dessen Zug erst noch gar nicht abgefahren war. Last not least gab es noch Pat, unseren Chauffeur, der uns die ersten zwei Tage unserer Rundreise zur Seite stand. Er hatte dreißig Jahre lang bei einem Reiseunternehmen treu gedient und sich dann zur wohlverdienten Ruhe setzen wollen. Doch die Firma hatte ihn aus der Pension zurück ans Lenkrad geholt. Dieses hielt er nun auch fest in der Hand und fest stieg er aufs Gaspedal, im vollen Bewusstsein seiner Unentbehrlichkeit. Nur das Auf-den-Verkehr-Achten, das besorgten wir - Fritz und ich. Und so retteten wir beide mehrfach auf einer Strecke von circa 1000 km nicht nur unserer eigenen Reisegruppe, sondern auch einigen Radfahrern, die noch nach Einbruch der Dunkelheit ihr Ziel nicht erreicht hatten und daher auf der unbeleuchteten Straße unterwegs waren, das Leben.

Landschaftlich hatte diese Strecke zwischen Harare und Mutare nicht gerade viel zu bieten. Somit hatte ich durch mein kurzes Nickerchen eigentlich gar nichts versäumt. Als ich wieder aufwachte, sah ich noch immer dieselbe Heidelandschaft, von der ich mich beim Einschlafen verabschiedet hatte. Junge Eukalyptusbäume, Msasa, Munondo, Akazienarten, saftiges Weideland. Es war ja schließlich Regenzeit. Nach etwa dreieinhalb Stunden erreichten wir Mutare, wo wir im Mountview Hotel eincheckten. Dort wurden uns gemütliche, große Zimmer zugewiesen, von denen wir einen wunderschönen Panoramablick auf die umgebende Hügellandschaft und die Blütenpracht vor unseren Fenstern genossen. Das Personal war freundlich. Abends bestellte ich die Nationalspeise „Sadza". Nach afrikanischer Tradition aß ich als Einzige an der Tafel mit der Hand, mit der rechten Hand, versteht sich, die linke Hand ist in Afrika für den Klogang reserviert.

Am nächsten Tag besuchten wir die Ruinen von Groß-Simbabwe. Auf unserer Fahrt in Richtung Masvingo konnten wir immer wieder unsere Blicke über die Grenze schweifen lassen und Mosambik aus der Ferne bewundern. Dann kamen wir zunächst bei den heißen Quellen von Nyanyadzi am Odzi-Fluss vorbei. Diese Gegend ist bekannt für reges Vogelleben. Es erstreckt sich dort eine Tiefebene, in der auch Bienenzucht betrieben wird. Schließlich erreichten wir die Birchenough-Brücke, welche Beira, Mutare, Chipinge und Chimanimani mit Masvingo und Südafrika verbindet. Wie ein silberner Halbmond spannt sie sich über den sandigen Save-Fluss. Diese Brücke ist eine Nachahmung der Hafenbrücke von Sydney. Sie wurde von derselben britischen Gesellschaft gebaut, von der auch das Original errichtet wurde.

Die Landschaft wurde immer abwechslungsreicher. Die strohgedeckten Rundhütten der Shona lagen eingebettet in eine hügelige Steppe, aus der immer wieder Gesteinsformationen auftauchten, die aussahen wie von Menschenhand geformt. Auf spitzen Granitblöcken balancierten riesige, kugelrunde Felsbälle. Nun war mir klar, dass die einheimischen Künstler die Inspiration für ihre Steinskulpturen aus der Natur schöpften. Dazwischen blühten afrikanische Tulpen, die keine Blumen sind, sondern orangerot blühende Bäume, und wieder Msasa, der typische ostafrikanische Savannenbaum, Eukalyptus, Akazien und viele rötlich sowie weißgelblich blühende Gewächse. Pat nannte jedes einzelne bei seinem Namen.

Nachmittags kamen wir schließlich bei den Ruinen an, die Simbabwe seinen Namen gegeben haben. „Mazimbabwe" bedeutet in der Sprache der Shona „Häuser aus Stein". Diese sieben Jahrhunderte alten Steinmauern waren Repräsentanten der Seele der einheimischen Bevölkerung. Alle Funde, die vor Ort gemacht worden waren, beweisen, dass dieses historische Erbe eines Königreiches seine Wurzeln in einer autochthonen afrikanischen Kultur gehabt haben musste. Über Mittelsmänner hatte es schon damals Handelsbeziehungen bis nach China gegeben. Wo waren sie bloß hingekommen, der Ruhm und die Größe dieser stolzen Völker?

Per Flugzeug ging es dann nach Kariba. Nach einem etwa vierzigminütigen Flug wurden wir mit einer kleinen Maschine von United

Air direkt ins Camp eingeflogen. Jeder hatte einen Fensterplatz. Es war heiß zum Ersticken. Der Blick auf den riesigen Stausee mit seinen Inseln und Inselchen und die Elefantenherden, die wir vom Flugzeug aus beobachten konnten, entschädigten uns für die Schweißausbrüche. Dann erfolgte die Landung auf dem so genannten „Kiplings International Airport“ in der Matusadona-Gegend. Ein offener Jeep stand schon bereit, um uns in die Kiplings Lodge zu bringen. Kaum waren wir angekommen, wurde schon jeder einzelne Gast vom Personal mit Namen angesprochen. Gleich nach dem Willkommenstrunk begrüßte uns auch eine kleine grüne Schlange auf der Veranda, die erste lebende Schlange, die ich in Afrika in Freiheit sah.

Wir wurden zu unseren Chalets gebracht. Jede dieser Unterkünfte hatte Bad und WC en suite, bestand aus einer halbmondförmigen Mauer und war auf der Seite, die zum See blickte, offen und das Zimmer ging in eine Veranda über. Die Dächer der Bungalows waren aus Stroh, etwa fünf bis sechs Meter hohe Kegel, von deren Zentrum, welches sich genau über dem Bett befand, ein riesiger Ventilator baumelte.

Das Camp war durch einen elektrischen Zaun geschützt, der nur während der Nachtstunden unter Strom stand. Es gab keinen Fernsehapparat und kein Telefon. Doch dafür gab es eine Trillerpfeife für Notfälle. Wenn man sich also in seinem Bungalow gefährdet fühlte, solle man nur kräftig in seine Pfeife blasen und schon werde einem bewaffnetes Personal zu Hilfe eilen, wurde uns gesagt.

Gleich nach unserer Ankunft besuchten wir eine Krokodilfarm, die eigentlich nicht als Touristenattraktion gedacht war, sondern als wirklich funktionierende Farm betrieben wurde. Sean, ein ernster junger Mann, mit schönen braunen Augen, dunklem Haar und Vollbart, begleitete uns. Er erklärte uns, dass diese Krokodilfarmen zu der Erhaltung der Art einen großen Beitrag leisteten, denn die Überlebensrate der Brut auf der Farm sei fast 100 %, während auf freier Wildbahn nur 2 % überlebten. Obwohl die Krokodile getötet würden, damit man das Leder und das Fleisch gewinnen könne, würden trotzdem noch immer 5 % der Tiere wieder in die Freiheit entlassen werden. Ihre Überlebenschancen seien wiederum viel höher, als die der in Freiheit geborenen Tiere, weil die gezüchteten Krokodile größer und kräftiger seien als ihre gleichaltrigen freilebenden Artgenossen.

Das war eigentlich auch ein einleuchtender Standpunkt, dem man nicht leicht etwas entgegenhalten konnte, zumal man ja als Europäer auch keine praktische Erfahrung hatte, mittels der man das Gegenteil hätte beweisen können.

Am späten Nachmittag machten wir eine Motorbootsfahrt auf dem Kariba-See bis zu dem Fluss namens Ume. Wir beobachteten Büffel, Elefanten, zahlreiche Vögel, Flusspferde und Krokodile. Unser Begleiter erzählte uns, dass es gefährlicher sei, einem einzelnen Büffel zu begegnen als einer ganzen Herde, da die Sicherheit und der Schutz der Herde Panikreaktionen der Tiere verhinderten.

Der Sonnenuntergang war farbenprächtig, jedoch nicht ganz so spektakulär wie der am Sambesi bei den Victoriafällen, den ich vor einigen Jahren während einer Mondscheinkreuzfahrt dort erlebt hatte. Kurz zuvor hatten die Fälle noch in zarten Pastellfarben, in den Farben des Regenbogens, in der Sonne geglänzt. Der donnernde Rauch stürzte sich todesmutig in die Tiefe, wo er an Felsen zerschellte. Batoka-Skys, diese kleinen, offenen Flugzeuge, zogen ihre Kreise am Firmament. Doch plötzlich gewannen die Sonnenstrahlen an Intensität. Wie lange, spitze Nadeln stachen mich ihre Strahlen in die Augen. Trafen mich direkt ins Herz. Tauchten die Wolken in ein mystisches rosa-lila Licht, welches sich im Wasser fortsetzte. Die Flugzeuge verschwanden. Der Himmel ward still. Innerhalb weniger Minuten verfärbte sich die gelbe Feuerkugel am Firmament orange. Dann leuchtend rot. Bis sie schließlich dort, wo sich der Himmel mit dem Wasser vereinte, verglühte. Noch verbargen die farbenprächtig schillernden Wolken den Mond. Noch kämpfte die blutrote Wasseroberfläche des Flusses gegen die Finsternis an und erleuchtete den Himmel mit dem Licht der Sonne, die der Sambesi verschluckt hatte. Doch dann siegte die Dunkelheit über das Licht. Die Wolken entließen den eisernen Mond aus seiner Gefangenschaft. Und sein silberner Schein legte sich wie ein riesiger Zeigefinger auf den schwarzen Sambesi.

Am Abend an der Bar, als wir unseren Aperitif tranken, erzählte mir Sean, dass sein Vater aus Ungarn sei. Er selbst sei aber schon in Simbabwe geboren. Er spreche auch nicht Ungarisch und wäre noch nie in der Heimat seines Vaters gewesen. Jetzt wusste ich, warum ich mir Sean ständig mit einer Geige auf der Schulter vorstellen musste, obwohl er mir gesagt hatte, dass er Gitarre spielte. Einen Atemzug lang verlor ich mich in seinen abgrundtiefen, braunen Augen.

Nach einem delikaten Abendessen brachte Sean zunächst Rala und dann mich zu unseren Bungalows. Diese hatten übrigens keine Nummern, sondern Namen. Mein Chalet hieß

Matopos. Zwischen jedem Zimmer und seiner Veranda waren Balken angebracht, von denen Rollos heruntergelassen werden konnten. Dadurch hatte man wenigstens nicht so sehr den Eindruck, mit seinem moskitonetzgeschützten Bett unter freiem Himmel zu liegen. Zuerst gingen wir zu Ralas Zimmer. Wir traten alle drei ein und Sean ließ die Rollos herunter, da sie sich sonst fürchtete. Dann ließen wir sie mit ihrer Trillerpfeife allein zurück. Nun begleitete Sean mich zu meinem Chalet. Als wir dort angekommen waren, erwartete ich natürlich, dass er auch meine Rollos herunterlassen würde. Nun war es aber an Sean, sich zu fürchten, also vermied er es, mit mir allein ins dämmrige Zimmer zu treten. Er verabschiedete sich hastig und ließ mich unter freiem Himmel schlafen.

Nach meiner anfänglichen Enttäuschung begann ich schließlich diese neue Erfahrung erst recht zu genießen und ließ dieses wundervolle Gefühl, mit der Natur so völlig eins zu sein, in mich einfließen. Ich konnte zwar auf meinem Bett liegend den Sternenhimmel nicht sehen, dafür hörte ich aber unzählige Tierstimmen. Grillen, die wie Kuhglocken klangen. Den Ruf eines Käuzchens. Das Quaken der Frösche. Und das Schnarchen der Flusspferde. Bis schließlich im Morgengrauen der Gesang der Vögel diese nächtliche Geräuschkulisse ablöste.

Ich hatte mich für den Buschspaziergang angemeldet. Zunächst fuhren wir mit dem Boot. Dann ging es zu Fuß weiter. Plötzlich sahen wir von Weitem einen Elefanten. Es war ein riesiger Bulle. Unser Ranger, der ein schweres Gewehr auf die Schulter geladen hatte, deutete uns, uns ruhig zu verhalten und in die Hocke zu gehen. In meiner Fantasie sah ich mich schon auf einen Baum klettern, sollte der Bulle auf uns zustapfen.

Beim Anblick der kleinen, teils zu dünnen, teils morschen Bäumchen, wäre mir allerdings die Wahl schwergefallen, für welchen der fragilen Baumkrüppel ich mich wohl in der Eile hätte entscheiden sollen. Der alte Elefant jedoch blieb ruhig stehen. Seinen Rüssel schwang er auf und nieder. Seine welken Ohren wackelten hin und her, als wolle er sich damit Luft zufächeln. Ab und zu wurde er etwas unruhig. Irgendwie dürften wir ihn doch irritiert haben und er trat von einem Stampfer auf den anderen.

Nachdem wir eine Weile so dagehockt waren und den Atem angehalten hatten, beschloss unser graues Gegenüber, sich plötzlich in Bewegung zu setzen und trollte sich in den Busch. Erleichtert erhob sich ein jeder, vortäuschend, dass es nur die unbequeme Stellung gewesen war, die ihn belastet hatte.

Unser nächstes Ziel war eine Nashornfamilie. Das Muttertier war in eine Falle geraten, welche von Wilderern gelegt worden war, um an das Potenz versprechende Horn der Nashörner heranzukommen. Das tapfere kräftige Tier jedoch hatte, trotz der schmerzhaften Falle, sich so lange zu befreien versucht, bis es den Holzpflock, an dem die Falle befestigt und welcher tief in der Erde vergraben gewesen war, herausgerissen hatte. Am nächsten Morgen hatte ein Ranger das völlig erschöpfte, schwer verletzte Tier gefunden und medizinisch versorgt. Seither kümmerten sich die Wildhüter um die Jungen.

Ich hatte ein wenig Angst, obwohl uns gesagt worden war, dass diese Nashörner zahm seien und das Muttertier nach seiner Verletzung auch noch nicht frei herumlaufen dürfe. Ich erinnerte mich nämlich an ein Erlebnis in Ostafrika. Damals, am Lake Manyara, hätte beinahe ein etwa zwei Tonnen schweres Nashorn unseren Jeep gerammt. Der Wildhüter erzählte uns, dass auch ein solch süßes Kleines bereits 250 Kilogramm wog. Grund genug, um sich für alle Zeiten das Geld für Schuhe sparen zu können, sollte einem solch ein Nashornbaby versehentlich auf die Füße treten. Ja, da waren sie. Ziemlich große Rhino-Babys, die freudig auf uns zugaloppierten.

„Watch the horns!“, rief unser Begleiter entsetzt.

Und plötzlich hörte ich: „Oh, no! That's a wild one!“

Ein hinzugetretener schwarzer Ranger gab uns jedoch sofort eine Erklärung zu diesem wilden Nashorn, welches sich dann - wie auch die Babys - genüsslich grunzend von uns kraulen ließ. Auch dieses Tier hatten einst die Wildhüter großgezogen. Es war aber dann wieder in die Freiheit entlassen worden. Seither kam es von Zeit zu Zeit zurück, um seine früheren menschlichen Pflegeeltern zu besuchen. Und da glauben viele Menschen, Tiere hätten weder Verstand noch eine Seele!

Zu Mittag sollten wir zum Flugplatz fahren, um mit einer kleinen Maschine nach Kariba transferiert zu werden, wo wir das Flugzeug nach Hwange erreichen wollten. Da aber Sturm aufkam, konnte unser Pilot nicht landen. Regen prasselte nieder. Am Himmel leuchteten Blitze auf, denen jedoch kein Donner folgte. Es war schön, dieses Schauspiel der Natur und der Farben zu verfolgen. Ich ließ meinen Blick über den nun endlos scheinenden Stausee schweifen. Über dem Wasser hingen dunkle Wolken wie geballte Fäuste. Die aus dem See herausragenden, kahlen Stämme der abgestorbenen Mopane-Bäumchen, zwischen denen die niederprasselnden Regentropfen auf der Wasseroberfläche ihre Kreise zogen, erzeugten in mir ein Gefühl der Trostlosigkeit, eine Trostlosigkeit, die zum Reflektieren anregte, aus der man aber dadurch auch neue Kraft schöpfen konnte.

Ich spürte ob der Verzögerung unserer Abreise keinerlei Bedauern. Keine Hektik. Planung ist alles! Aber man kann eben nicht alles planen. Ich persönlich hätte eigentlich gar nichts dagegen gehabt, noch eine Nacht an diesem idyllischen Ort zu verbringen. Doch hieß es dann plötzlich, der Sturm habe sich gelegt und unsere Maschine werde jeden Augenblick ankommen.

Also fuhren wir im Jeep zum Landeplatz. Wir warteten zunächst bei der sogenannten Lounge, die eigentlich nur ein flaches Dach auf vier Pfeilern war. Als das Flugzeug sichtbar wurde, fuhr der Jeep zuerst die Rollbahn ab, um alles für die Landung klar zu machen. Bald darauf setzte die Maschine auf und eine schwarzhaarige, resolute Dame stellte sich als unsere Pilotin vor. Sollten Frauen vorsichtiger als Männer sein? Im Gegensatz zu ihrem männlichen Kollegen, der uns ins Camp eingeflogen hatte, gab sie uns nämlich Sicherheitshinweise.

Wir hatten wider unser Erwarten einen ruhigen Flug. Aber so ein abrupter Wetterumschwung ist hier, besonders jetzt während der Regenzeit zwischen November und März, keine Seltenheit. Und zum Glück hatte es heuer auch ausgiebig geregnet, sodass die Wassertanks alle voll waren. In Kariba war die Air Zimbabwe nach Hwange gerade beim Boarden. Im letzten Augenblick hatten wir also unsere Maschine doch noch erreicht. Nach der Landung in Hwange fuhren wir etwa eine Stunde zum Jijima-Camp. Es bestand aus permanenten Zelten im Militär-Look. Jedes einzelne Zelt war an einen gemauerten Sanitärbereich angebaut und vor jeder Wohneinheit befand sich eine Terrasse. Die kegelförmigen Dächer, die jede einzelne Unterkunft überdachten, waren aus Holz und Stroh. Das Camp lag in einem privaten Wildpark, etwa vierzig Minuten vom Hwange-Nationalpark entfernt, in welchen uns auch die nachmittägliche Pirschfahrt bringen sollte. Die Zelte waren nicht durch einen Zaun geschützt. Tiere konnten also bis zu den Chalets vordringen.

Es war daher auch nicht ratsam, in der Dunkelheit das Zelt zu verlassen. Die Wege im Camp waren nicht beleuchtet. Daher bekam jeder am Abend eine Öllampe in die Hand gedrückt, die ihn auf seinem Weg vom Restaurant zum Zelt begleitete. In den einzelnen Chalets gab es zwar eine große elektrische Lampe, sie war jedoch nicht aufgedreht, als ich abends ins Zimmer kam. Dafür brannten drei Öllämpchen. Das eine im WC ließ ich die ganze Nacht hindurch brennen.

Nach dem Nachtmahl gingen wir aber zunächst einmal nicht gleich in unsere Zimmer, sondern wir beschlossen, eine Nachtpirsch zu machen, alle bereits in ziemlich guter Stimmung, hervorgerufen von einem noch besseren Wein. Heimo, Mike, Ivan, Rala und ich stiegen scherzend und kichernd in den wartenden Jeep.

„Rala", fragte unser Ranger mit gespieltem Entsetzen, „where have you got those people from?" (Betonung auf „those".)

Ivan und ich, die wir auf der Bank hinter dem Fahrer saßen, versuchten abwechselnd, den Scheinwerfer zu halten. Wir hatten allerdings Probleme, ihn gerade zu halten. Und durch das Gerüttel und Geschüttel beim Fahren hatte ich Schwierigkeiten festzustellen, wie viele Augen nun das Gnu, das uns aus der Finsternis anstarrte, tatsächlich hatte. Vielleicht waren es auch mehrere Gnus. Oder gar keine Gnus. Vielleicht Buschbabys.

Der ganze Busch bestand plötzlich nur mehr aus Augen, aus Bäumen und Augen, Rascheln und Funkeln. Und jeder neue Augenbaum wurde von Ivan mit „Oh another Christmas tree“ kommentiert.

Da es unserem Ranger mit uns bald zu blöd wurde und es auch bereits empfindlich kühl war, reichte er uns Decken und kehrte um. Ich sah gerade noch direkt vor mir ein Buschbaby zur Rechten und eine Eule zu meiner Linken, bevor ich mit Ivan unter unsere gemeinsame Decke kroch. Nach einer ziemlich holprigen Fahrt lud uns der Wildhüter gleich direkt bei der Bar aus. Er dachte wohl, das wäre der richtige Platz für eine solche Gesellschaft. Manuela, die Barkeeperin, verwöhnte uns noch mit ein paar Drinks. Nun wurden Witze zum Besten gegeben. Ivan war in seinem Element. Obgleich ich den britischen Humor nicht ganz verstand, musste ich doch oft herzlich lachen. Dies waren die Augenblicke, die mich meine familiären und beruflichen Sorgen völlig vergessen ließen.

Ich hatte im Gegensatz zu den anderen einen weiteren Alkoholgenuss vermieden. Somit war ich wieder ziemlich nüchtern, als ich zu später Stunde zu Bett ging. Leider tat aber trotzdem die viele Flüssigkeit während der Nacht ihre Wirkung. Ich musste also schweren Herzens mein sicheres Lager unter dem Schutz des Moskitonetzes verlassen.

In der Dunkelheit ertastete ich meine

Sandalen, schüttelte sie sicherheitshalber aus, um keine bösen Überraschungen in Form von verirrten Skorpionen, Spinnen und dergleichen zu erleben, setzte meine Füße vorsichtig hinein und trat meinen Gang auf die Toilette an.

Als ich nach getaner Arbeit jedoch wieder den Rückzug in mein Bett beginnen wollte, hörte ich etwas. Da war ein Tier! Irgendwo im Zelt. Ich glaubte, das Geräusch käme von draußen, dort wo mein Bett stand. Das flackernde Licht des Öllämpchens machte mich ganz konfus. Ich konnte nichts genau ausnehmen, keine Geräusche orten. Aber jetzt hörte ich es wieder. Ich vernahm, wie das Etwas mit seinem Körper einmal links, einmal rechts irgendwo dagegen stieß. Und dann war da ein Zischeln, das mir durch Mark und Bein ging. Oh, Gott! Das war eine Schlange, die sich an den Möbeln vorbeischlängelte und dabei links und rechts gegen die Hindernisse stieß, von Zeit zu Zeit innehielt und ihre zischelnde Zunge aus dem Maul fahren ließ, um sie gleich darauf wieder zu verschlingen. Unbeirrbar setzte sie ihren Weg zu mir fort. Wie versteinert stand ich neben der Klomuschel. Nach dem Geräusch zu schließen, musste es auch eine ziemlich große, schwere Schlange sein. Ein Leichtes für sie, durch die Türe des Zeltes, die nur an einer Seite mit drei bis vier Bändchen an die Zeltwand angebunden war und welche das Zelt mit dem Sanitärbereich verband, hindurchzuschlüpfen. Ich war verloren! Auf die Klomuschel oder die Mauer zu klettern, war sinnlos. Sinnlos bei einer Schlange. Wo konnte ich schon hinklettern, wohin eine Schlange nicht konnte?

Plötzlich war das Zischeln ganz dicht neben mir. Ich riss die Augen weit auf und starrte in die Richtung, aus der das Geräusch jetzt ganz eindeutig kam. Da lag ein etwa zweieinhalb Zentimeter langer, brauner Käfer auf dem Rücken und zappelte im Todeskampf mit den Beinen. Dabei zischelte er fürchterlich. Der Arme hatte sich wahrscheinlich an der Öllampe verbrannt. Dadurch war er wohl mit seinem schweren Panzer taumelnd links und rechts ständig gegen die Wand gestoßen, bis er schließlich auf den Rücken gefallen und sterbend liegen geblieben war. Ich sah mich außerstande, dem Leidenden beizustehen und tastete mich schnell zu meinem Bett zurück, wo ich aufatmend unter dem schützenden Moskitonetz Zuflucht suchte.

Nach Hwange standen noch die Victoriafälle auf dem Programm. In der Kololo-Sprache heißen die Fälle „mosi oa tunya“, der Rauch, der donnert. Wir flogen also zum Vic Falls Airport, doch gleich am Flughafen wurden wir von den Fällen begrüßt - von heftigen Regenfällen. Wie gut, dass ich einen Regenschirm aus Österreich mitgenommen hatte, um ihn dann im Holiday Inn in Harare im Gepäckaufbewahrungsraum zurückzulassen! Es schüttete. Wir bliesen die „Sunset Cruise", die geplante Mondscheinkreuzfahrt ab, die für nachmittags auf dem Programm gestanden wäre. Der traditionelle afrikanische Tanz, den wir am Abend im „Cultural Village" sehen hätten sollen, wurde ebenfalls abgesagt. Aller guten Dinge sind jedoch drei und daher mussten wir auch noch erfahren, dass das Hotel, in welchem wir hätten übernachten sollen, keine Reservierung unter unseren Namen hatte. Außerdem war es ausgebucht. Da standen wir also nun wie begossene Hunde und beschlossen gleich darauf, die Zeit für Hotelbesichtigungen zu nutzen. Schließlich waren wir ja auf Dienstreise. Kommt Zeit, kommt Rat! Vielleicht würden wir ja auf diesem Wege auch ein Quartier für die Nacht finden. Glücklicherweise erhielten wir vom 5-Sterne-Hotel „Elephant Hills" eine Einladung, die Nacht dort zu verbringen.

Vormittags fielen die „Tour of the Falls" und der Besuch im „Craft Village" im wahrsten Sinne des Wortes ins Wasser. Es hellte erst wieder auf, als wir bereits im Flugzeug saßen, um unsere letzte Nacht in Harare anzutreten. Ich war aber über diesen verregneten Abschluss der

Reise nicht sonderlich traurig. Ich hatte den Sambesi und die Victoriafälle vor einigen Jahren bei herrlichem Wetter gesehen und hatte alles in wunderschöner Erinnerung. Vielleicht war es besser so, denn manchmal wird durch die Wiederholung eine schöne Erinnerung zerstört.

Auf dem Flughafen trafen wir zufällig nochmals Pat, den Chauffeur unserer ersten Tage in Simbabwe. Der zynische Heimo begrüßte ihn freudig überrascht - indem er an dessen Vorliebe für selbstmörderische Autofahrten anspielte - mit den Worten: „Oh, Pat! Still alive?" Komischerweise konnte ich mich noch genau an diese Worte erinnern, so als ob es erst gestern gewesen wäre. Alles war mir wieder so präsent. Auch der Abschied von Simbabwe. Unsere Reisegruppe war während der letzten Stunden zusehends zusammengeschrumpft. Der eine war nach Namibia weitergeflogen, der andere in Victoria Falls geblieben. Ein dritter war nach Mutare zurückgefahren. Doch wir trösteten uns mit der Illusion, dass uns die nächste „Agent-Tour" möglicherweise wieder zusammenführen würde.

Und plötzlich wusste ich auch wieder, woher die Worte stammten, die mir damals an jenem Abend mit den Kindern auf unserem Hügel beim Sonnenuntergang in den Sinn gekommen waren. Es waren ähnliche Worte, die mir bei dem Gedanken an den Sonnenuntergang am Sambesi eingefallen waren. Daraufhin beschloss ich, gleich am nächsten Abend nochmals auf den Hügel hinter unserem Haus zu fahren, dorthin, wo die orangerote Sonne im Untergehen ihr Blut vergoss. Allabendlich tauchte sie die ihr zu Füßen liegende Stadt in ihren himmlischen Farbtopf ein. Ich musste gar nicht immer so weit weg fahren um die Schönheit der Natur zu erleben. Nicht den Ort musste ich ändern, sondern mich selbst.

Die späten Vögel zerschnitten rasch mit ihrem Flug den Himmel auf der Suche nach ihren Nestern. Ihre Angstschreie hingen noch lange nach ihrem Verschwinden vom Firmament in der Luft. Nun wusste ich: mein „Afrika“ war hier und jetzt. Mein „Afrika“ konnte dort sein, wo immer ich es haben wollte. Es lag in meiner Hand. Ich hatte es geschafft! Jetzt hatte ich es tatsächlich geschafft! Meine Veränderung war vollzogen. Das erste Mal seit langem verspürte ich eine angenehme Müdigkeit, als ich mich zu Bett legte. Eine erlösende Schwere kam über mich, die nichts mit den Erschöpfungszuständen der vergangenen Wochen und Monate gemein hatte.

Da saß ich plötzlich in meinem Auto. Der Tag neigte sich seinem Ende zu. Es war nicht zu schwül und nicht zu kühl. Die glühende Sonne war schon vom Untergang bedroht, die Abenddämmerung hüllte die Landstraße in ein orangerotes Licht. Die Farben des Sommers begannen bereits hie und da zu verblassen. Ich genoss den Anblick der grünen Bäume, welche die Straße links und rechts säumten. Es ging immer geradeaus. Laut tönte die Musik aus den Lautsprecherboxen und verleitete mich dazu, mitzusingen und zu improvisieren. Der durch das geöffnete Schiebedach eindringende Wind streifte mein Haar. Vor der Windschutzscheibe verfärbte sich der Himmel zusehends rosarot. Wie ein Feuerball zeigte sich die untergehende Sonne in ihrem schönsten Kleid. Die Musik wurde ekstatisch und ich genoss es, in diesem Augenblick geradewegs der blutroten untergehenden Sonne entgegenzufahren. So als würde ich in den für mich allein weit geöffneten Himmel hineinfahren, dachte ich, mit dem Blick gegen Westen, in Richtung der untergehenden Sonne. Plötzlich waren da drei Sonnen. Die Musik pulsierte in meinem Kopf. Eine orangerote Sonne im Hintergrund, die versuchte, im Untergehen sich meinen Blicken bereits zu entziehen, und zwei gelbe Sonnen, dicht nebeneinander, die direkt auf mich zukamen. Wie in meinem Traum, dachte ich. Ich hatte doch diesen Traum vom Frontalzusammenstoß. Gleich drei Mal hintereinander in derselben Nacht.

Ein gigantisches Percussion-Solo erhob sich. Mein nach grellem Licht dürstender Blick heftete sich an den am Firmament versinkenden Feuerball. Gib mir die Sonne! Da explodierte sie. Orangerote Funken stoben nach allen Seiten. Betäubende Trommelrhythmen trieben mich mit immenser Geschwindigkeit unter ständiger Beschleunigung immer tiefer und tiefer hinein in den gelben Fleck im Zentrum der in Flammen stehenden Kugel, die mir ihre dritte Dimension nun öffnete, sodass ich durch einen grell erleuchteten Tunnel hindurch brauste, bis sich schließlich der Himmel wie eine dunkelblaue Tasse über mich stülpte.

Gestärkt stand ich auf. Ich erhob mich in die Lüfte. Nichts zurücklassend, das ich hätte vermissen können, nur meine Fußspuren im heißen Sand. Niemanden zurücklassend, der mich hätte vermissen können. Nichts mitnehmend als die Erinnerung. Ich erhob mich in die Lüfte und lebte fortan in den Bergen, die von meinem Echo lustvoll widerhallten. Ich lebte in den Wäldern, in den Urwäldern, deren raunende Wipfel mir ewiges Glück verhießen. In der Einsamkeit der Wüste, wo das Spiel der

Farbnuancen in der auf- und untergehenden Sonne und die im Winde sich ständig verändernden Konturen und Schatten der Sanddünen mein Auge ergötzten. In den Höhlen, wo sich Jahrmillionen in den herabfallenden Wassertropfen spiegelten. An einsamen Sandstränden, wo ich mit Krebsen Sandburgen baute und mich mit blau schillernden Libellen paarte, wo ich unter der alles versengenden, orangeroten Sonne meinen Körper im goldgelben Sand wälzte, bis meine Arme und Beine blutig geschunden waren von der Lust meines Atems. Ich lebte an felsigen Steilküsten, wo mich die tosende Meeresbrandung bis in meine Träume begleitete. In den pulsierenden Metropolen, wo ich mich des Nachts rasenden Sambarhythmen hingab. In den schummrigen Fischerspelunken, deren Wände vom Gestank des Schweißes barsten. Ich lebte in der Steppe, wo Löwen meine Wunden sauber leckten. In den Wipfeln der Bäume, in denen ich aus Übermut mit den Vögeln Nester baute und meine Reize entblößte, indem ich die dürren Blätter von meinem nackten Leib wischte. Ich lebte in der Tiefe der Erde, wo kein Stein auf dem anderen blieb, als ich ihr Innerstes durchwühlte. Und ich lebte in den Wolken. Losgelöst. Losgelöst und völlig befreit. ... Fortan lebte ich und genoss! Ich genieße und lebe! ... „Und leeebe!!!“, hörte ich mich selbst gerade noch schreien, als ich aufwachte.

Auf dem Weg ins Büro dachte ich wieder an meinen Mitarbeiter. Sein Bild war in mir gewachsen, und ich war meinerseits durch ihn gewachsen. Mehr als drei Farben hatte sein Gesicht im Schein der Fackel, die mein Herz entfachte. „Afrika“ sagte einer von uns und beide bekamen wir glänzende Augen. Ich hatte mich an ihn herangetastet und etwas in ihm gesucht ... Etwas, das nicht zu finden war. Aber ich hatte nicht so schnell aufgeben wollen und hatte mich an ihn herangesaugt, war in ihn hineingekrochen. Wir waren auseinander hervorgegangen und hatten uns dennoch nie erreicht. Doch alles, was möglich war, könnte möglicherweise auch anders möglich sein. Der gewordenen Wahrheiten gab es viele. Ich hatte weitergesucht, von nun an nach innen, in mir herumgegraben und gestochert, so wie ich es zuvor nach außen getan hatte und schließlich hatte ich das Ziel meiner Sehnsucht mit der Suche danach vertauscht, mit einer Suche wie einer Sucht.

Eines Tages hatte ich auch dies geschafft. Die ausgleichende Wirkung der Zeit. Der Spiegel war gebrochen. Zerbrochen, der Spiegel, den meine Seele sich geschaffen hatte. Hätte mir jemand die Wahrheit wie einen Knüppel auf den Kopf geschlagen, hätte ich sie dann als meine Wahrheit angenommen? Wahrscheinlich nicht. Durch meine Suche nach ihr hatte ich mich jedoch in der Weise geändert, dass ich sie erst dann entdeckte, als ich sie auch ertragen konnte. Als meine Firma in den letzten Zuckungen gelegen war, da hatte ich mich an ihn mit aller Kraft geklammert. Nun konnte ich sie beide mühelos loslassen, ihn und meine Firma.

Ich hatte es geschafft, mich von allen Vorwänden zu befreien und alle Lügen und Halbwahrheiten auf dem Wegrand zurückzulassen. Die Ideale konnten gar nicht hoch genug gesteckt sein und tatsächlich konnte nicht so bald etwas an meinen Traum heranreichen. Doch ich hatte es geschafft, nie mehr mit Unvereinbarkeiten und Widersprüchen leben zu wollen. Noch konnte ich meine Veränderung nicht benennen, daher nannte ich sie einfach „Afrika“. Ich hatte keine anderen Worte für sie. Mein „Afrika“ war hier und jetzt. Ich bewahrte es auf in meinem Kopf und konservierte es in meinen Träumen.

Bevor ich das Geschäftslokal betrat, kaufte ich noch schnell in der Trafik eine Tageszeitung.

„Tod bei Abschiebung eines Afrikaners auf dem Flug von Österreich nach Nigeria“, war da auf dem Titelblatt zu lesen. Im Büro stellte ich Kaffee auf und drehte das Radio an.

„Haben die Beamten nicht die Todesangst in

den Augen des an seinen Knebelungen erstickenden Nigerianers gesehen?“ Diese und ähnliche Fragen wurden nun öffentlich diskutiert. Plötzlich war der Name Marcus Omofuma in aller Munde. „In die Heimat vertreiben“ - diese Formulierung klang mir noch lange im Ohr. Es war Mord. Doch später sollte man anderer Meinung sein. Man würde Mittel und Wege finden, das Vorgehen der Beamten zu rechtfertigen. Die Zeugen hätten sich abgesprochen und wären daher nicht glaubwürdig. So einfach war das. Ausweisen. Auslöschen. Einfach austreten wie eine glühende Zigarette. Es wäre ein Unfall gewesen? Krämpfe wären mit Widerstand verwechselt worden? Er hätte Entzündungen, Herzrhythmusstörungen, eine Sauerstoffunterversorgung des Gehirns durch Myokarditis gehabt. Nicht durch seine Knebelungen seitens der Beamten, die ihm Mund und Nase verklebt hatten, sei er gestorben? Der Puls war ja vorhanden. Durch eigene Gegenwehr wäre er in Bewusstlosigkeit gefallen. Ach so! Selbst ist er schuld! Selbst ist er vielleicht noch schuld an seinem Tod! Wie etwa der schwarze Vater in Nigeria, der wegen der Geburt seines Sohnes zu spät zur Arbeit kam, auch selbst schuld daran war, dass der Hund der Weißen sein Baby fraß. Gewordene Wahrheit! Mund verkleben. Nase verkleben. Augen einschlagen. Keine Panik! Geschieht ihm recht! Selbst schuld! Die

Klebebänder waren verschwunden, gerichtsmedizinische Beweismaterialien wurden nicht angefordert, die Zeugen abgelehnt. Freispruch! Freispruch für die Folterknechte! Freispruch auf der ganzen Linie! Freispruch für die Mörder!

Ich gedachte all der guten und hilfreichen Menschen in meinem geliebten Afrika, im wirklichen Afrika, und ich konnte nur ohnmächtige Empörung empfinden. Eine Sehnsucht überkam mich, ein Verlangen nach Versöhnung, nach Verständigung. Wenn die Stellvertreter beider Seiten - der Täter und der Opfer - aufeinander zugingen und gemeinsam über die Toten trauerten und weinten, dachte ich, dann entstünde vor ihren Augen und in ihrem Herzen ein Bild, wie die Versöhnung zwischen ihnen gelingen könnte. Dann würde sich der Kreis endlich schließen.

Da fiel mir ein Gespräch zwischen meinem Mann und den Kindern wieder ein, welches ich vor ein paar Tagen zufällig belauscht hatte.

„Ihr müsst euch entscheiden, wo ihr hingehört", hatte er ihnen gesagt, „da gibt es keine Kompromisse. Schwarz oder weiß? Aber wenn die Entscheidung erst einmal gefallen ist, dann gibt es kein Zurück mehr." Da hatten die Kinder bitterlich geweint und wo ihm Worte und

Argumente fehlten, mussten Stecken und Fäuste sprechen. Leider klappte es nicht einmal innerhalb der eigenen Familie. Ich lief ins Badezimmer und stellte mich vor den Spiegel:

„Sehen so die Täter aus?“, schrie ich verzweifelt mein Spiegelbild an, doch es antwortete mir nur stumm mit denselben ratlosen Augen. War ich nun Opfer oder Täter? Ich konnte es nicht entscheiden. Würde man mich nicht allein aufgrund meiner Hautfarbe zu den Tätern zählen? Ich wiederholte meine Frage nun etwas lauter:

„Sehen so die Täter aus?“

Wie ein Echo hallte es zurück:

„Die Österreicher sind ein verrücktes Volk, neidisch und rassistisch!“ Ein Satz, den ich oft und oft aus dem Munde meines Mannes gehört hatte.

Als ich am Abend heimkehrte, kam meine Tochter gerade die Stufen herunter. Sobald sie mich sah, senkte sie ihre Augen zu Boden und wollte sich an mir vorbeistehlen. Doch ich verstellte ihr den Weg.

„Wir dürfen nicht mehr zu dir ins Auto einsteigen. Dein Afrika ist eine Lüge!“, schrie sie mir ins Gesicht.

„Wieso sind deine Finger denn so blau und geschwollen?“, fragte ich. „Hat Papa dich etwa geschlagen?“

„Wir dürfen nicht mehr sagen, dass wir dich liebhaben. Sonst werden wir geschlagen.“ Schnell lief sie weg.

Ich blickte ihr nach, dann ging ich in mein Zimmer, denn aus dem gemeinsamen Schlafzimmer war ich zu diesem Zeitpunkt bereits ausgezogen, und mein Blick fiel auf den Teppich. Ich bemerkte darauf Holzsplitter und folgte der Spur bis zu seinem Zimmer. Mit pochendem Herzen und einer bösen Vorahnung öffnete ich vorsichtig seinen Kleiderschrank. Dort lagen meine schönen, großen afrikanischen Masken aus Sambia, Erinnerungsstücke an meine Afrikareisen, völlig entstellt, zerstört, zerbrochen und zertrampelt. Auf dem Teppich meines Zimmers fanden sich Reste von Holzsplittern, schweigende, empörte Zeugen der Tat.

Es war Abend geworden und dann Nacht. Im Haus war es jetzt ganz still. Doch plötzlich hörte ich Stimmen im Nebenzimmer.

„Papa, hast du denn einen Schatz gefunden? Da sind ja so viele Geldscheine in diesem Karton!“

„Mit diesem Geld kann ich ganz Afrika kaufen!“, lachte er laut. „Ganz Afrika liegt mir zu Füßen! Wenn ich erst einmal dort Politiker bin, dann wirst du sehen, was ich daraus mache.“

„Papa, habe ich eigentlich auch so viel Geld auf meinem Sparbuch?“

„Sparbuch? Welches Sparbuch denn? Du hast kein Sparbuch mehr. Bei mir ist dein Geld doch viel besser aufgehoben als auf der Bank.“

Vor meinem geistigen Auge sah ich ihn wieder bei der Tür hereinkommen, sah wie damals, dass er die Hand in den Hosensack steckte, um einen ganzen Stoß Tausender herauszunehmen und hörte ihn wie damals sagen:

„Wenn du Arzt bist, dann kannst du das in zwei Stunden verdienen und völlig steuerfrei. Wenn du erst einmal groß genug bist, dann werde ich dir sagen, wie du das machst. In Afrika kannst du damit leben wie ein Kaiser, denn die menschliche Arbeitskraft kostet dort gar nichts.“ Danach war das Geld in seinem Hosensack verschwunden und keiner von uns hatte es jemals wieder zu Gesicht bekommen.

Nun hörte ich dumpfe Schläge aus dem Nebenzimmer und die Stimme meines Sohnes:

„Der Papa ist der größte Zauberer ... der Papa ist der größte Zauberer ... ich bin ein Nichts ... ich bin dumm ... der Papa ist gescheit!“ Das übliche Ritual mit ihrem Vater, um sich Süßigkeiten zu verdienen. Dann waren die nächtlichen Geräusche verklungen und einer beklemmenden Stille gewichen.

Leise öffnete sich plötzlich meine Tür und mein Sohn kam schweigend zu mir ins Zimmer. In der rechten Hand hielt er noch die Trophäe, die Belohnung für seine Erniedrigung, einen Schokoriegel.

Er warf ihn in den Papierkorb unter meinem Schreibtisch, dann ging er wortlos zu meinem Sofa, streckte sich darauf aus und starrte an die Zimmerdecke.

Da legte ich das Buch, welches ich gelesen hatte, bevor meine Lektüre durch die lauten Stimmen im Nebenzimmer unterbrochen worden war, zur Seite und während ich ihm eine meiner selbst erfundenen Geschichten erzählte, schloss er auch schon die Augen. Er musste sehr müde gewesen sein. Wir lagen nebeneinander und ich dachte, er wäre schon eingeschlafen. Dennoch fuhr ich fort:

„... und dann nahm die Mutter einen Schluck von dem Zaubertrank. Da wurde sie plötzlich zu einer wunderschönen Fee und sie erhob sich in die Lüfte ... Sie erhob sich in die Lüfte, nichts mitnehmend als die Erinnerung, nichts zurücklassend, was sie vermissen hätte können. Niemanden zurücklassend, der sie vermissen hätte können."

Da! Plötzlich ein leiser Aufschrei meines Sohnes, ein Augen-Aufschlagen.

„Mama, ich hab's ja immer gewusst! Du hast von dem Zaubertrank aus Afrika gekostet. Jetzt bist du endlich stark genug! Du nimmst uns mit!"

Über die Autorin

Dary Christine wurde in Österreich geboren. Bereits als Kind erfand sie Geschichten und verfasste Gedichte. Heute geht es ihr vor allem um die künstlerische Gestaltung wahrer Geschichten. Ihre Abenteuerlust führte sie in verschiedene Länder und Kontinente. Sie hat auf ihren zahlreichen Reisen auch viele afrikanische Länder und die USA bereist. Ihre persönlichen Erlebnisse und Erfahrungen, die sie dabei machte, liefern den Stoff für ihre Erzählungen. Ihre Geschichten sind daher biografisch und autobiografisch, denn sie beruhen auf ganz persönlichen Erfahrungen und Erinnerungen.

Die Themen, die sie dabei vor allem beschäftigen, sind Identität und Kulturschock, aber auch Liebe, Beziehungen verschiedenster Ausprägung, Verantwortung, Schuld, Gewissensbisse, Patchwork-Familien mit Migrationshintergrund, Familientragödien, körperliche und seelische Misshandlung, sowie Drogen, Prostitution und Krankheit.

Ihr wichtigstes Werk ist „Geschundene Prinzessin zwischen den Welten“ - die wahre Geschichte über ihr Leben auch mit ihrem Stiefsohn HENY, dem Neffen des österreichischen Kabarettisten Alexander Bisenz, in der sie ihre Erlebnisse in Rückblenden unter anderem als Stiefmutter verarbeitet.

Weitere Publikationen der Autorin

- „Eine Überdosis Freiheit”
- „An Overdose of Freedom”
- „Das schönste Weihnachten und andere Kurzgeschichten und Gedichte“ von Dary Christine und Roxana Isima

Die Bücher sind über KINDLE/Amazon erhältlich.

- „Geschundene Prinzessin zwischen den Welten – Mein Leben an der Seite eines Tyrannen (autobiografischer Roman – Erinnerungen)

Dieses Buch ist im DeBehr-Verlag erschienen (01/2024).